BRASIL

Mario Luis Grangeia

BRASIL
CAZUZA, RENATO RUSSO
E A TRANSIÇÃO DEMOCRÁTICA

1ª edição
Rio de Janeiro, 2016

© Mario Luis Grangeia, 2016

As letras das músicas reproduzidas no livro foram autorizadas pelos seus proprietários e não violam direito de terceiros.

O valor recebido pelo autor com este livro será destinado à Sociedade Viva Cazuza.

Projeto gráfico Thiago Lacaz

cip-Brasil. Catalogação na fonte
Sindicato Nacional dos Editores de Livros, rj

G785v
Grangeia, Mario Luis, 1980-
Brasil: Cazuza, Renato Russo e a transição democrática/ Mario Luis Grangeia. 1ª ed. Rio de Janeiro: Civilização Brasileira, 2016. 176 p.; 21 cm.

isbn 978-85-200-1263-5

1. Rock – Brasil – História e crítica. I. Título.

15-19521
                        cdd: 782.420981
                        cdu: 78.067.26(81)

Todos os direitos reservados. É proibido reproduzir, armazenar ou transmitir partes deste livro, através de quaisquer meios, sem prévia autorização por escrito.

Texto revisado segundo o novo Acordo Ortográfico da Língua Portuguesa.

Direitos desta edição adquiridos pela
editora civilização brasileira
Um selo da editora josé olympio ltda.
Rua Argentina, 171 – Rio de Janeiro, rj, 20921-380
Tel.: (21) 2585-2000

Seja um leitor preferencial Record. Cadastre-se e receba informações sobre nossos lançamentos e nossas promoções.

Atendimento e venda direta ao leitor:
mdireto@record.com.br ou (21) 2585-2002

Impresso no Brasil
2016

EDITORA AFILIADA

*A gente achava que ia mudar
o mundo mesmo e o Brasil está
igual, a sociedade está igual,
bateu uma enorme frustração.*
Cazuza, sobre "Ideologia"

*Percebemos que poderíamos
muito bem abordar a política
sem ter que ser panfletários.*
Renato Russo, sobre "'Índios'"
e "Tempo perdido"

SUMÁRIO

Apresentação **11**

1. O tenor, o barítono e a democracia desafinada **17**
Cazuza, tenor **20**
Renato Russo, barítono **23**
Brasil, desafinado **28**

2. Autoritarismo: Aversão ao regime militar **33**
Será ou não, eis a questão **37**
Nem aí para dramas coletivos **39**
Não ao regime autoritário **42**

3. Patriotismo: Exaltação e indignação convivem **47**
Uma piada terceiro-mundista **54**
"Esse país tá tão mal!" **57**
Da lama às despedidas **61**
Registros (quase) inéditos **64**

4. Ideologia: Oscilação da esperança ao desencanto **69**
Sem tempo a perder **74**
Fim de uma trilogia **77**
Parábola do bom burguês **78**
Virtudes e sonhos perdidos **81**

5. Desigualdades: Renda concentrada e outras disparidades **87**
"Quem não tem chance" e "o mais forte" **91**
Sem disciplina nem virtude **94**

Antes dos milagres **97**
Outras correntezas **99**

6. Orientação sexual: Homossexualidade sem tabu **105**
Entre referências veladas e explícitas **108**
Do segredo à revelação no jornal **112**
Da capa da revista ao segredo **114**

7. Crônicas do Brasil de ontem e hoje **121**
Brasília, fim de 1978 **124**
Rio de Janeiro, primavera de 1981 **126**
Cidade do Rock, janeiro de 1985 **128**
Estúdio da EMI-Odeon, setembro de 1987 **131**
Nova York, fevereiro de 1989 **134**
Ipanema, 7 de julho de 1990 **135**
Sete de setembro de 1992 **138**
Brasília, janeiro de 1995 **142**
Ipanema, 11 de outubro de 1996 **144**
Circo Voador, 19 e 20 de agosto de 2005 **146**
Mané Garrincha, 29 de junho de 2013 **147**

Posfácio **153**

Agradecimentos **161**
Histórias cruzadas **163**
Bibliografia **167**
Discografia **175**

À Sociedade Viva Cazuza, um exemplo.

Nas favelas, no Senado/ Sujeira pra todo lado/ Ninguém respeita a Constituição/ Mas todos acreditam no futuro da nação

"Que país é este", Renato Russo

APRESENTAÇÃO

Quando "Que país é este" foi escrita, em 1978, as favelas não tinham coleta de lixo nem esgoto, um em cada três senadores não havia sido eleito e a Constituição tinha sido alterada para que uma junta militar driblasse o vice-presidente na sucessão do marechal Costa e Silva. Nove anos depois, no encarte do disco homônimo da Legião Urbana, o compositor esclarecia que a letra "nunca foi gravada antes porque sempre havia a esperança de que algo iria realmente mudar no país, tornando-se a música então totalmente obsoleta". E lamentava: "Isto não aconteceu e ainda é possível se fazer a pergunta do título, sem erros."

De lá para cá, não faltou quem respondesse àquela música, que abria todo show da banda, com uma definição chula, porém nada gratuita: "É a porra do Brasil." Quando aquela catarse em forma de versos se tornou o maior hit brasileiro nas rádios, o Brasil mal deixara de ser presidido — durante 21 anos — por generais escolhidos entre si. Gritar um palavrão em coro como réplica ao refrão traduzia o mal-estar de um povo que assistia à hiperinflação crescente e que ficara quase três décadas sem eleger presidente.

O tempo passou, e a crítica do início daquela letra-manifesto persiste atual. A ausência de saneamento básico e de coleta de lixo nas favelas convive com um Senado repleto de suplentes sem votos e que tem gerado mais escândalos vexatórios do que leis admiráveis. Emendada mais de oitenta vezes, a Constituição ainda não teve vários artigos regulamentados depois de quase três décadas.

Muitas de nossas venturas e desventuras tiveram uma trilha sonora própria. Como nas canções de protesto dos anos 1960, várias letras de quem acompanhou a transição democrática mais recente não se inspiraram em dramas íntimos, mas na vida pública, com os casos de corrupção e planos econômicos fracassados. Na geração que acabara de entrar na escola quando os militares tomaram o poder, dois nomes se sobressaíram por expressarem bem, com a caneta e o microfone, visões e expectativas que não lhes eram exclusivas sobre os rumos do Brasil — entre outros fatos da vida: Cazuza (ou Agenor de Miranda Araújo Neto) e Renato Russo (Renato Manfredini Jr.).

Se muitas letras dos dois fotografaram aquele país, não há melhor polaroide do estado de espírito coletivo do que a última faixa do álbum do Barão Vermelho gravado no Rock in Rio de 1985. Enrolado na bandeira nacional, Cazuza fechou "Pro dia nascer feliz" confiante no governo de Tancredo Neves, presidente eleito indiretamente naquela noite de 15 de janeiro: "Que o dia nasça lindo pra todo mundo amanhã... Um Brasil novo, com a rapaziada esperta."

Três anos depois, desapontado com o Brasil — que sonhara com Tancredo e acabou tendo pesadelos com José Sarney —, Cazuza preferiu cuspir na bandeira lançada no palco do Canecão. "Acho que não é hora de teatro com bandeira, o momento é de criticar, é de virar a mesa, de sair da m...", desabafou o ex-vocalista do Barão para a revista *IstoÉ*. "Eu me enrolei foi naquele clima de Tancredo, eu estava, como todo o povo, inebriado por um sentimento de mudança, de esperança." Ainda não havia nascido o tal dia feliz.

Em meados de 1988, mais da metade dos aparelhos de televisão ligados por volta das 21h exibia a novela *Vale tudo*, cuja abertura apresentava os primeiros versos de "Brasil" ritmando uma colagem de fotos e vídeos de pontos turísticos, esportes e animais exóticos — uma profusão de lugares-comuns com direito a imagens de astros do elenco. Versos ácidos como "o meu cartão de crédito é uma navalha", na voz de Gal Costa, precediam cenas como a da mulher ambiciosa que abandona a mãe e a do executivo golpista que acaba fugindo do país. Enquanto a novela ia ao ar, o governo Sarney era alvo de várias denúncias de irregularidades; muitas eram atestadas, mas ainda assim seguiam impunes.

"Que país é este" e sua réplica involuntária "Brasil" figuram entre as cinco dezenas de letras nas quais Renato Russo e Cazuza dialogam com a transição democrática dos anos 1980. Outras interlocuções podem não ser tão óbvias, mas todas têm um valor documentário que raramente se vê antes deles, e certamente não se acha depois. Com essa certeza, decidi analisar as linhas e entrelinhas das duas obras, privilegiando suas leituras da sociedade e da política no Brasil. Como não poderia deixar de ser, suas letras já tinham sido tema de estudos, que focalizam mais o texto do que o contexto em que elas foram criadas. Faço o oposto neste ensaio, derivado de uma pesquisa orientada pela gentil e saudosa antropóloga Santuza Naves, na pós-graduação em sociologia política e cultura da PUC-Rio. Analisei as letras à luz de declarações dos autores em dezenas de jornais e revistas.

Após acumular outros repertórios, não apenas musicais, resolvi reescrever meu texto para não ser só mais um volume com espiral na prateleira. Voltei a discos, vídeos, livros e pastas cheias de textos da imprensa. Parti de um estudo objetivo ao máximo e repleto de citações até chegar a uma versão menos acadêmica. Um meio-termo ainda cheio de transcrições levou o segundo lugar num concurso nacional de ensaios (Prêmio Vianna Moog), o que foi bom pelo fato em si e por me avisar que faltava (ou sobrava) algo.

Qualquer que tenha sido sua razão para ler este livro, tudo indica que esteja ligada aos nomes dos dois cantores. Daí o texto dar mais peso às ideias deles do que às minhas interpretações. Na falta daquelas, não apelei a médiuns; apenas tomei a liberdade de comentar o que julguei mais em sintonia entre o que esses artistas criaram e o que seus conterrâneos viveram.

Eventualmente ampliei essa leitura crítica com opiniões alheias, por lançarem olhares sugestivos sobre as letras ou retratarem percepções da época.

Os sete capítulos analisam as letras em que Cazuza e Renato Russo abordam a sociedade e a política brasileiras (dada essa ênfase, optou-se por indicar a autoria tão somente das letras, não negando que elas e as melodias são indissociáveis). Aliás, mais do que a agenda do país, eles escreveram e cantaram inquietações com o que viviam entre quatro paredes, sozinhos ou não. Mas a fração de suas obras que interessa aqui, embora minoritária, responde pela maioria das execuções de suas músicas em rádio, televisão e até no YouTube. Esse dado atesta o quanto essas criações geram identificação nos corações e mentes de tantos de nós desde então.

As letras em questão se destacaram pela abordagem de assuntos ligados à vida pública: autoritarismo, patriotismo, ideologia, desigualdades e orientação sexual. Em conjunto, esses temas iluminam a cultura política e a cidadania num país que vivia mais uma transição para a democracia. Enveredei pelos versos dos dois acompanhando a visão do antropólogo Clifford Geertz, de que a cultura é a teia de significados que prende o homem que a criou tanto quanto a sua análise (a imagem do homem como animal enredado foi emprestada de Weber). "A cultura não é um poder, algo ao qual podem ser atribuídos casualmente os acontecimentos sociais, os comportamentos, as instituições ou os processos", escreveu o americano em *A interpretação das culturas*. Em vez de perceber a cultura como um poder, ele a via como um contexto, como sistemas entrelaçados de signos interpretáveis. Sigo tal concepção.

De início, me perguntava em que medida as obras de Cazuza e Renato refletiam mudanças sociais e políticas, mas logo aprendi que elas não só retratavam novidades como as incitavam. Na minha ignorância, tomava a influência do meio na obra de arte, mas desconsiderava o sentido contrário dessa via de mão dupla. Não que eu encare as duas influências na mesma dose; trato mais da influência da sociedade na arte. Como resumiu Antonio Candido em *Literatura e sociedade*, a arte é social nos dois sentidos: fatores do meio se exprimem na obra em graus diversos de sublimação — vide a corrupção, que Cazuza atacou em "Brasil" — e a arte altera a conduta e a concepção de mundo das pessoas ou reforça o sentimento dos valores sociais — vide a resposta chula ao refrão de "Que país é este". Sobram temas de estudo sobre as relações entre arte e sociedade.

No capítulo "O tenor, o barítono e a democracia desafinada", comparo alusões ao país nos dois repertórios com uma mirada panorâmica. Último capítulo que escrevi, ele parecia ideal para abrir o livro por sua ordem cronológica — e isso funciona melhor para atrair a atenção de quem mal engatou a leitura. (Relendo isso, me soou uma das racionalizações do líder da Legião justificando a ordem das faixas num disco.)

Entre os capítulos 2 e 6, aprofundo as imagens do Brasil cantadas por Cazuza e Renato. Enfoco suas abordagens dos cinco tópicos já citados: autoritarismo, com a aversão ao regime militar; patriotismo, com a exaltação à pátria se revezando com a indignação; ideologia, com a oscilação entre a esperança e o desencanto; desigualdades, com o repúdio à concentração de renda e a outros desequilíbrios; e orientação sexual, contra o tabu então duradouro — e ainda atual para segmentos da população — sobre a homossexualidade.

Em "Crônicas do Brasil de ontem e hoje", entrelaço suas músicas à história do Brasil desde 1978 — esta pode ser recapitulada na sucinta cronologia ao fim do volume. Em oposição à tese simplista de que Cazuza e Renato viraram porta-vozes de jovens e minorias, aponto como eles não quiseram erguer bandeiras, mas antes oferecer relatos pessoais e crônicas de seu tempo, sem posar de representantes dos outros. Talvez por só buscarem exprimir a si mesmos, vieram a expressar tão bem a esfera pública.

Se é um truísmo que todo artista reflete seu tempo e lugar, de modo voluntário ou não, poucos são os que, como Cazuza e

Renato Russo, foram tão hábeis em captar em suas obras o que foi vivido por seus contemporâneos e conterrâneos. Vocalizaram, mais do que quaisquer outros artistas com o mesmo alcance, visões e expectativas de uma sociedade antes, durante e após a volta à democracia. Eis uma contribuição que nem os repertórios majoritários sobre amor, identidade e outros temas íntimos devem nublar.

1. O TENOR, O BARÍTONO E A DEMOCRACIA DESAFINADA

**Eu vejo o futuro repetir o passado/
Eu vejo um museu de grandes novidades**

"O tempo não para", Cazuza

No outono e na primavera de 1981, o polo de convenções carioca Riocentro foi palco de duas frustrações com efeitos colaterais mais benéficos do que nos planos originais. Em 30 de abril, a explosão precoce de uma bomba foi fatal à trama de militares rivais da abertura política — acabou contribuindo para a volta da democracia, e não para mais uma onda de repressão. Já na Feira da Providência, o precário sistema de som impediu o Barão Vermelho de fazer seus primeiros shows, mas os ensaios para a estreia adiada bastaram para a banda ganhar a voz do tenor e poeta bissexto Cazuza.

Um ano depois, o LP *Barão Vermelho* era lançado num bar paulistano de estilo vitoriano, com um censurável "Você precisa é dar" trocado por "Você precisa é dar-se" ("Posando de star"). A 750 quilômetros dali, num árido parque de exposições, a Legião Urbana era expulsa de Patos de Minas por policiais contrariados com versos como "Os PMs armados e as tropas de choque vomitam música urbana" ("Música urbana 2"). Naquela estreia fora de Brasília, o barítono Renato Russo liderou um quarteto que mais tarde trocaria dois integrantes. Esses passos iniciais das duas bandas ilustram como seus vocalistas-letristas logo se defrontaram com um país em tempos de transição democrática, que captaram em dezenas de canções. Seu valor documentário foi além do relato pessoal, dando voz a várias percepções e expectativas populares.

Um dos dribles de Renato na censura, por exemplo, revela muito dos limites desta: "Todos vão fingindo viver decentemente/ Só que eu não pretendo ser tão decadente, não" foram submetidos e aprovados como "Todos vão vivendo muito decentemente/ Ainda bem que não tem gente decadente, não", de "Tédio (com um T bem grande pra você)". Cazuza, por sua vez, seria censurado já sob a democracia: "Só as mães são felizes" (1986) teve a exibição pública vetada por palavras consideradas impróprias e uma estrofe com alusão ao incesto.

O LP de estreia *Legião Urbana* (1985) abria com "Será", que fez sucesso ao vocalizar dilemas românticos e políticos meses após o Congresso Nacional ouvir, mas não escutar, o clamor das ruas pela eleição presidencial direta. "Não é me dominando assim/ Que você vai me entender." Na noite de 15 de janeiro, dias após aquele lançamento, Cazuza fechou o primeiro show do Barão no Rock in Rio, mostrando-se esperançoso com a eleição indireta de Tancredo Neves.

Enquanto o tenor, doravante um solista, e o barítono cresciam em discos e palcos, governantes sem farda protagonizavam más administrações e desvios éticos inspiradores a ambos. Em vez de caducar, a letra de "Que país é este", escrita por um punk de 18 anos em 1978, estourou nas rádios em 1987, ano sob o signo do Plano Cruzado II, que elevou os preços, impostos e a insatisfação com o presidente, além da hiperinflação.

No ano seguinte, o mal-estar com o governo de um vice feito presidente a contragosto era uma das tônicas de "Brasil", que chegou às massas abrindo a novela recordista de público *Vale tudo*. "A letra de 'Brasil' é como um cara pobre, normal, vê, sem paternalismo, este 1% da população que está se dando bem — e da qual eu faço parte", disse Cazuza. À frente da nata de felizardos, o governo Sarney — ruim ou péssimo para 65% dos brasileiros ouvidos à época pelo Datafolha — era alvo de múltiplas denúncias de irregularidades.

Cazuza, tenor

Filho único de um produtor musical e uma modista, Cazuza nasceu em 4 de abril de 1958 no Rio de Janeiro e herdou do avô paterno seu nome — Agenor de Miranda Araújo Neto — numa homenagem da qual o pai logo se arrependeu. Daí desde cedo ser chamado em casa pelo apelido, sinônimo antigo de "moleque". Ainda jovem, conheceu de perto artistas com quem o pai trabalhou, como Elis

Regina, Jair Rodrigues, os Novos Baianos, Caetano Veloso, Gal Costa e Gilberto Gil. Sempre admirou essa geração da MPB, como disse em 1987 em entrevista à *IstoÉ*: "A gente não teve o compromisso de fazer um movimento como foi a bossa nova, como foi a tropicália. Já abriram tudo para a gente, e nós não precisamos fazer uma guerra! Já estava tudo aí."

Estudante indisciplinado, cursou seis colégios e pouco frequentou a faculdade de comunicação social. A vida noturna, com alto consumo de álcool e drogas, foi conciliada com o breve trabalho como redator de textos na gravadora Som Livre, presidida pelo pai, e com cursos de fotografia, na Califórnia, e de teatro, no carioca Circo Voador. Seu desempenho no palco lhe rendeu, em 1981, o convite para integrar o Barão Vermelho, do qual foi vocalista e letrista até 1985. Com Roberto Frejat (guitarra), Guto Goffi (bateria), Maurício Barros (teclados) e André Palmeira, o Dé (baixo), gravou três discos de estúdio e fez centenas de shows — os dois maiores, no Rock in Rio de 1985, foram recuperados num álbum anos depois.

Na carreira solo, Cazuza explorou outros ritmos além do rock e do blues, como a bossa nova e o samba, e gravou seis discos — incluindo um ao vivo, um duplo e um póstumo. Em 1989, foi o primeiro artista brasileiro a revelar que tinha aids, que o levaria à morte no ano seguinte. Segundo Lucinha Araújo conta em *Cazuza: Só as mães são felizes*, ele gravou 126 letras de sua própria autoria, teve 34 registradas por outras vozes e deixou mais de 60 inéditas. Em 1990, sua mãe criou a Sociedade Viva Cazuza, para o apoio a crianças e jovens com o vírus HIV.

Num trem pras estrelas
Depois dos navios negreiros
Outras correntezas
"Um trem para as estrelas", Cazuza

As primeiras letras de Cazuza versavam principalmente sobre dramas íntimos de jovens urbanos como ele. No Barão Vermelho, os dramas públicos foram só tangenciados (e não interpelados), como em "Billy Negão", letra originalmente do baterista Guto Goffi e do tecladista Maurício Barros; Cazuza transferiu o bandido--título do Velho Oeste para a Baixada Fluminense e o tornou um fugitivo da polícia, e não de seu rival. O cantor admitiu que passou a "ver o coletivo" em "Um trem para as estrelas" (1987), cuja melodia de Gilberto Gil dá matizes cinza à recitação quase sem nuances da estrofe inicial. Crítica de problemas distantes do autor, a canção foi feita para o filme homônimo, que narra a busca de um músico pela namorada sumida num Rio de Janeiro com violência e miséria. Uma influência confessa de Cazuza para cantar temas sociais e políticos veio de Renato Russo.

A voz desceu das notas mais agudas para tons mais graves após o susto com a aids. "Ele viu a possibilidade da morte, achou que tinha que deixar alguma coisa, falar para todo mundo e aí começou a ter esta lente virada para o externo mesmo", opinou o parceiro musical Roberto Frejat. Entre "Um trem para as estrelas" e "Eu vi a cara da morte/ E ela estava viva" ("Boas novas", 1988), Cazuza teve o diagnóstico da doença, o que transpareceu em sua obra, embora ele não a associasse a um hino de revolta como "Brasil": "Simplesmente passei o ano passado do lado de dentro, e quando abri a janela vi um país totalmente ridículo. O Sarney, que era o não diretas, virou o rei da democracia."

À revelia de seu autor, "Brasil" se tornou trilha do horário eleitoral do candidato a presidente Fernando Collor. O hit foi usado para embalar cenas de miséria e reuniões políticas na primeira campanha presidencial após quase três décadas. O governador de Alagoas alegava falsamente ter o aval de Cazuza. Naquele 1989, nenhuma polêmica envolvendo Cazuza foi maior do que a revelação de que tinha aids, gesto inédito entre pessoas públicas, que ele julgou coerente com seu "Brasil, mostra a tua cara".

Parte final de uma espécie de trilogia com "Brasil" e "Ideologia", a pungente "O tempo não para" foi lançada num show de 1988, quando Cazuza cuspiu na bandeira nacional, o símbolo festejado três anos antes. Questionado pelo gesto na imprensa, ele rebateu numa carta divulgada só após sua morte afirmando que sabia do significado da bandeira: "Vamos amá-la e respeitá-la no dia em que o que está escrito nela for uma realidade", frisou, sem patriotismo acrítico. "Por enquanto, estamos esperando." Ordem e progresso seguiam em falta na vida real.

Como o corpo não acompanhava seu vigor mental, Cazuza ia de cadeira de rodas ao estúdio onde gravou as 20 faixas do duplo *Burguesia* (1989) e as 14 lançadas no póstumo *Por aí* (1991). O desabafo íntimo de "Cobaia de Deus" ("Se você quer saber como eu me sinto/ Vá a um laboratório ou labirinto/ Seja atropelado por esse trem da morte") se justapunha à crítica frívola de "Burguesia" ("A burguesia fede/ A burguesia quer ficar rica/ Enquanto houver burguesia/ Não vai haver poesia") e à alusão sutil à sua orientação sexual em "Eu quero alguém" e "Como já dizia Djavan".

Em 7 de julho de 1990, Cazuza morreu aos 32 anos por causa da síndrome que dali a cinco meses Renato descobriria ter. No álbum póstumo *Por aí*, ele comentou em "O Brasil vai ensinar o mundo" que seu país teria lições a dar, como a convivência inter-racial, e outras a receber, como o respeito às leis. Repetido três vezes, o verso "E há um jeitinho pra tudo" se referia ao "jeitinho brasileiro". Dois anos depois, nenhum "jeitinho" justificou o enriquecimento ilícito de deputados logo apelidados de "anões do orçamento". A tentativa que fizeram de atribuir os aumentos de patrimônio à sorte na loteria parecia ilustrar um verso daquele disco: "Porque a grande piada é o Brasil" ("Portuga"). Como se não bastasse a arte imitar a vida, vinha a vida política nacional dar razão àquela provocação em forma de arte.

Renato Russo, barítono

Nascido em 27 de março de 1960 e filho primogênito de um economista do Banco do Brasil e uma professora de inglês, o carioca Renato Manfredini Jr. trocou de cidade e sobrenome ainda antes da maioridade. Dos 7 aos 9 anos, morou com os pais e a irmã em

Nova York e, aos 13, mudou-se com a família para Brasília, onde ele, leitor compulsivo, adotou o sobrenome Russo em alusão aos filósofos Bertrand Russell e Jean-Jacques Rousseau e ao pintor Henri Rousseau. Na capital, ele ficaria um ano e meio da adolescência sem andar devido à epifisiólise — doença que desgastou a cartilagem entre a pelve e o fêmur esquerdo. Renato contou ainda jovem à família sobre seu projeto de ser muito famoso e ter a melhor banda de rock do Brasil.

Aos 18 anos, ele e os amigos André Pretorius e Fê Lemos criaram o pioneiro trio de punk Aborto Elétrico, que não chegou a gravar discos. Após desentendimentos, a banda brasiliense acabou em 1982, e Renato fez shows solo como Trovador Solitário até convidar o baterista Marcelo Bonfá para formar a Legião Urbana, que meses depois ganharia o guitarrista Dado Villa-Lobos e que teria o baixista Renato Rocha até o terceiro disco. O legado da Legião somaria oito álbuns de estúdio e cinco ao vivo.

Renato lançou ainda discos solo em inglês (1994) e italiano (1995) para evitar confusões com seu trabalho na Legião. Em 11 de outubro de 1996, Renato morreu no Rio de Janeiro, em decorrência da aids que descobrira seis anos antes. Segundo a gravadora EMI, nos 14 anos de atividade da Legião e em igual período seguinte, seus discos e os da banda venderam 14 milhões de cópias, entre os primeiros LPs originais e as muitas reedições em CD.

> **Ele queria era falar pro presidente**
> **Pra ajudar toda essa gente**
> **Que só faz sofrer**
> "Faroeste caboclo", Renato Russo

Entre a composição de "Faroeste caboclo" (1979) e sua gravação (1987), o interlocutor de João de Santo Cristo no Planalto mudara de Figueiredo para Sarney sem ter sido Tancredo e o sofrimento de "toda essa gente" só piorava: a estagnação econômica e a alta inflação geraram perdas absolutas de renda entre todos, menos

nos 10% mais ricos. Somando nove minutos nada comuns no meio radiofônico, os 157 versos narravam os descaminhos da saga de João de Santo Cristo, que não atingiu a meta de vocalizar o sofrimento popular em Brasília. O mesmo não se pode dizer do compositor, que desde cedo cantou não apenas por si.

O repertório do Aborto Elétrico, primeira banda de Renato, cantara frustrações coletivas como abusos policiais ("Veraneio vascaína"), as drogas ("Conexão amazônica") e maniqueísmos ideológicos ("Despertar dos mortos"). Elas foram gravadas apenas anos depois, pela Legião Urbana ou pelo Capital Inicial. Aquela primeira safra atesta uma tendência que predominou na carreira de Renato: cantar numa escala mais grave, no compasso de um país que saía da ditadura para a democracia sem tornar mais efetiva a cidadania, sem reduzir o hiato entre a legislação e o cotidiano. Os versos "Ninguém respeita a Constituição/ Mas todos acreditam no futuro da nação" fazem alusão à Carta de 1967, mas soariam crítica a contemporâneos da Constituinte de duas décadas depois.

Ao lado de canções doces como "Eduardo e Mônica" ("Quem um dia irá dizer/ Que existe razão/ Nas coisas feitas pelo coração?") e "Tempo perdido" (do desfecho "Nem foi tempo perdido/ Somos tão jovens"), o álbum *Dois* trouxe em 1986 o amargor de "Nos deram espelhos e vimos um mundo doente" ("'Índios'") e "Deve haver algum lugar/ Onde o mais forte/ Não consegue escravizar/ Quem não tem chance" ("Fábrica"). Essa receita agridoce e os preços congelados pelo Plano Cruzado alavancaram o LP de capa ocre (ou bege, no CD), que vendeu 1,1 milhão de cópias em dez anos, marco só atingido por *As quatro estações* (1989). Nos planos da banda, o álbum seria duplo e se chamaria *Mitologia e intuição*, mas a gravadora preferiu um disco simples.

Fruto de uma gestação de 16 meses — que incluiu o torpor na banda após um show desastroso em Brasília e a saída do baixista, substituído por Renato no estúdio —, *As quatro estações* aludia tanto a Buda e São Paulo como a referências políticas as mais variadas: a tortura oficial em "1965 (Duas tribos)" ("Cortaram meus braços/ Cortaram minhas mãos/ Cortaram minhas pernas/ Num dia de verão"), o desalento coletivo em "Há tempos" ("Há tempos o encanto está ausente/ E há ferrugem nos sorrisos/ E só o acaso estende os braços/ A quem procura abrigo e proteção") e a defesa de toda forma de amor em "Meninos e meninas" ("E eu gosto de meninos e meninas"). A crítica política seguia presente como nos trabalhos anteriores, mas sem a mesma voltagem do início.

O quinto disco da Legião, *V* (1991), transparecia a decepção de Renato com a vida pública — do bloqueio de depósitos aos casos de corrupção — e com a vida íntima, a partir da descoberta de que tinha aids. Daí ter desistido da ideia de um disco mais leve, com mensagens positivas. "O teatro dos vampiros" retrata uma geração sem dinheiro, vítima do confisco, que fez Renato adiar a compra de um apartamento. Mas a letra mais afinada com a desilusão coletiva nos anos Collor era "Metal contra as nuvens", sobre o descompasso entre o herói, vaidoso de sua terra, e um mundo problemático que parece infértil a ideais: "Quase acreditei na sua promessa/ E o que vejo é fome e destruição."

A queda de Collor começou em maio de 1992, quando seu irmão Pedro acusou o tesoureiro da campanha eleitoral, PC Farias, de ser o testa de ferro do presidente em negócios com o governo. Uma CPI concluiu, depois de dois meses e meio, que Collor recebia "vantagens econômicas indevidas" e até os jornais e os políticos aliados passaram a pedir sua renúncia. O lema "Fora, Collor" catalisou protestos em grandes cidades, entoado principalmente por jovens. Ao abrir um show da turnê de *V* em Recife, cheio de cartazes anti-Collor na plateia, Renato surpreendeu ao avisar que tocaria o hino nacional e o que se ouviu foi o clássico "Carinhoso" em ritmo de marcha fúnebre.

O álbum duplo *Música p/ acampamentos* (1992), que reunia gravações ao vivo desde 1985, saiu no mesmo dezembro em que Collor — então afastado havia três meses pelos deputados por 441 votos a 38 — renunciou (logo antes de o Senado votar seu impeachment). A renúncia não suspendeu o processo e ele teve os direitos políticos cassados por oito anos e o cargo ocupado por Itamar Franco. Em "A canção do senhor da guerra", escrita anos antes, Renato ironizava a guerra como um bom negócio ("Mas explicam novamente/ Que a guerra gera empregos/ E aumenta a produção"), além de útil ao controle populacional ("Não teremos mais problemas/ Com a superpopulação").

De volta ao estúdio para *O descobrimento do Brasil* (1993), o cantor fez da faixa-título uma ode à vida familiar como refúgio, num contraponto ao soturno *V*: "A gente quer é um lugar pra gente/ A gente quer é de papel passado/ Com festa, bolo e brigadeiro/ A gente quer um canto sossegado." Renato queria cantar um país não só de corruptos como os anões do orçamento. A leveza do disco era quebrada pelo retrato de um país problemático em "Perfeição", cuja letra acaba otimista, apesar da exclusão social, dos sequestros e de outros dramas: "Nosso futuro recomeça/ Venha, que o que vem é perfeição." Detestando ser rotulado como "rebelde" e autor de "músicas de protesto", Renato buscou menos protestar do que registrar, com sua grande extensão vocal, crônicas de seu tempo.

No disco solo *The Stonewall Celebration Concert* (1994), Renato expôs uma faceta política com repertório romântico: gravando em inglês, festejou os 25 anos do levante gay contra uma polícia nova-iorquina preconceituosa e doou parte do valor recebido com a venda a uma campanha não governamental contra a fome. Naquele ano, o Plano Real debelava a hiperinflação e Renato parecia especialmente incomodado em ser ouvido sobre temas alheios à sua discografia: "Não quero dizer como as pessoas devem viver." Dois anos antes, ele admitira para a revista *Bizz* que suas composições geravam uma identificação por valorizarem o "eu" e o "nós": "Como faço as letras em primeira pessoa, há uma identidade, paradoxal, entre a música e o ouvinte..., 'puxa, esse cara tá falando a minha vida'." Cazuza buscara esse mesmo efeito com versos como "Ideologia, eu quero uma pra viver".

"Mudar o mundo" era uma expressão que Renato não conjugava mais na primeira pessoa, como em "Até bem pouco tempo atrás/ Poderíamos mudar o mundo" ("Quando o sol bater na janela do teu quarto"). Divulgando *O descobrimento do Brasil*, ele se disse cético com uma mudança coletiva. Enquanto Cazuza se vira como um garoto que iria mudar o mundo e que agora assistia a tudo em cima do muro ("Ideologia"), Renato cantava "E agora você quer um retrato do país/ Mas queimaram o filme" em "Mais do mesmo". Quando a canção foi gravada, em 1987, o filme do país recém-queimara com o maior acidente nuclear fora de usinas: o descarte de uma cápsula de césio-137 gerara quatro mortes imediatas e ao menos 249 vítimas de contaminação. A letra, porém, fora escrita no ano anterior, quando o primeiro presidente civil após duas décadas mal completara seu primeiro aniversário no poder.

Como "Mais do mesmo", outras letras mencionadas aqui pareceriam recapitulações ou profecias. Entretanto, ainda que remontem ao passado ou projetem um futuro, essas criações de Cazuza e Renato fizeram história no Brasil por cumprirem um papel semelhante ao de diversos filmes e livros mundo afora: documentaram a conjuntura nacional na qual vieram a público. Nesse caso, uma democracia que retornava com ares de soprano, capaz de alcançar as notas mais altas, mas acabou soando grave como a voz de contralto.

Brasil, desafinado

O Brasil é um filho pródigo da colonização europeia nas Américas, na alvorada do século XVI. Enquanto países do norte do Novo Mundo viraram casos exemplares de democracia, a história de nosso país (e de seus vizinhos) foi crivada por períodos autoritários que contribuíram para o atraso na cidadania. O jugo colonial português não se abalou com as ameaças que enfrentou: nativos com configurações societárias diversas das predominantes entre indígenas da América espanhola; franceses e holandeses, que não causaram maiores estragos; e revoltas emancipacionistas de pouco fôlego. As elites logo investiram no campo, mirando as exportações, em especial a de açúcar. A mineração só vingou após o fim do século XVII.

Em 1822, a independência foi declarada não por rebeldes, mas pelo herdeiro do trono português. Monarquia constitucional — mas não tanto — e tradicional, dependente da mão de obra escrava, o Brasil foi o último país independente das Américas a abolir a escravatura, em 1888. Um golpe militar no ano seguinte fez do país uma república, cujo território não se fragmentou como na América espanhola. Na economia, a indústria nascia quase sempre por obra de donos de terras, também membros das elites políticas.

A oligarquia sofreu um revés em 1930, quando um golpe apoiado por militares pôs fim a uma crise interna e deu início a 15 anos ininterruptos de Getúlio Vargas no poder — a segunda metade sob a ditadura do Estado Novo. Outro regime autoritário começou em 1964, quando militares depuseram João Goulart alegadamente para evitar uma guinada ao comunismo à revelia das elites. Só acabou 21 anos depois, quando civis e militares negociaram um retorno sem sobressaltos à democracia.

> **Vamos cantar juntos o Hino Nacional**
> **(A lágrima é verdadeira)**
> **Vamos celebrar nossa saudade**
> **E comemorar a nossa solidão.**
> "Perfeição", Renato Russo

A volta à democracia começou a ser trilhada com apoio decisivo de setores militares. A posse do general Ernesto Geisel como presidente, em 1974, após uma eleição indireta no Congresso, marcou o início do projeto de abertura política. Representantes da linha moderada das Forças Armadas, Geisel e o chefe da Casa Civil, general Golbery do Couto e Silva, articularam a preparação de uma abertura lenta, gradual e segura. A distensão partia de um presidente que se apoiaria em casuísmos como os do Pacote de

Abril, mudanças em prol da Arena, partido do governo: as eleições de governos estaduais voltaram a ser indiretas, a aprovação de medidas no Congresso passou a exigir maioria (não mais dois terços) de votos favoráveis e o governo escolhia um em cada três senadores, apelidados de "biônicos" tais como as próteses do protagonista da série americana *O homem de seis milhões de dólares*.

A primeira iniciativa rumo à abertura foi o fim da censura prévia à imprensa escrita, no início de 1975 — rádio e televisão seguiram vigiados. Quatro anos depois, era extinto o AI-5, algoz da liberdade de expressão desde 1968, e João Figueiredo recebia a faixa presidencial de Geisel, único a escolher seu sucessor. Na expectativa do deputado e presidente do oposicionista PMDB, Ulysses Guimarães, o fim do AI-5, a anistia decretada em 1979 e as eleições diretas para governador em 1982 seriam o tripé para a eleição direta a presidente. Ainda em 1983 foi elaborado um calendário de comícios e passeatas pela antecipação das eleições diretas para presidente, programadas para 1989.

A campanha lançada pelo PMDB foi apoiada pelo clero católico e logo se tornou um grande movimento com manifestações regionais. Em 10 de abril de 1984, 1 milhão de pessoas foram a um comício na Candelária, no centro do Rio de Janeiro. No dia 16, a experiência se repetiu no Vale do Anhangabaú, em São Paulo. O verão-outono de 1984 foi marcado pelas Diretas Já, a maior campanha popular no país até então.

Um hit nos comícios era "Inútil", com os versos "A gente não sabemos escolher presidente/ A gente somos inútil" inspirados na polêmica frase de Pelé de que brasileiro não sabia votar. Para Roger, vocalista do Ultraje a Rigor e autor de "Inútil", a música foi o hino daquela temporada. "A TV tocava 'Coração de estudante', de Milton Nascimento, como o hino da campanha das Diretas", recordou Roger em depoimento a Ricardo Alexandre para o livro *Dias de luta*. "Mas, na prática, era 'Inútil'. Só que 'Inútil' incomodava, porque ia fundo na ferida. Temos a mania de colocar a culpa nos políticos, mas 'Inútil' dizia que a coisa dependia do povo, dependia do outro brasileiro, do outro cara que nós colocássemos lá."

Enquanto a população se vestia de amarelo, usava camisetas dizendo "Eu quero votar pra presidente!" e agitava bandeiras nas ruas, havia um jogo de bastidores para impedir a aprovação da emenda das Diretas Já. Para entrar em vigor, seria necessário o aval de dois terços da Câmara e do Senado. Frustrado com a rejeição da emenda pelo Congresso, o povo teve como consolo o fato de que, pela primeira vez desde Jango, teria um presidente civil. Como candidato da situação, o PDS indicou o deputado Paulo Maluf, ex-governador de São Paulo. Já o PMDB lançou o governador mineiro Tancredo Neves em chapa com o PFL, formado por dissidentes do PDS e que escolheu o maranhense José Sarney para vice-presidente.

As eleições em 15 de janeiro de 1985 deram vitória à oposição, que venceu por 480 votos contra 180 de Paulo Maluf. Cristalizava-se a tal transição lenta e gradual. Quando o futuro já despontava promissor, o presidente eleito foi internado às pressas no Hospital de Base de Brasília, na véspera da posse. Ele tinha um processo infeccioso agudo no abdome e sentia fortes dores havia algumas semanas. Embora tivesse sintomas do câncer que o levaria à morte, preferira fazer contatos pelo país até a posse e adiar o tratamento por receio de dar um pretexto para a intervenção de militares contrariados. Sete cirurgias não bastaram para impedir a morte de Tancredo em 21 de abril de 1985.

2. AUTORITARISMO:
AVERSÃO AO REGIME MILITAR

Somos os filhos da revolução/ Somos burgueses sem religião/ Nós somos o futuro da nação/ Geração Coca-Cola

"Geração Coca-Cola", Renato Russo

Na Brasília do fim dos anos 1970, enquanto os militares articulavam a devolução do poder aos civis, muitos jovens filhos de diplomatas e professores universitários se divertiam com o punk rock dos Sex Pistols, The Clash e outras bandas. O interesse vinha mais de um desejo de socialização entre amigos do que de uma expressão de rebeldia política. A revolta, aliás, era a tônica desse ritmo de poucos acordes e pulsação rápida já em seu berço, a Inglaterra. A maioria das letras protestava contra a corrupção, a desintegração da sociedade e dificuldades de artistas de nichos. "A música e as letras revelavam uma atitude de confrontação que refletia graus variados de ódio justificado, performance técnica, exploração artística do choque de valores e intenção de renegar as instituições oficiais de produção de música", afirmou o músico e professor Paul Friedlander em *Rock and roll: Uma história social*.

Não tardou para alguns fãs brasileiros do punk verem no movimento uma forma de darem seu recado aqui também. Um deles foi Renato Russo. Para ele, como notou o jornalista e crítico Arthur Dapieve, "a atitude *do-it-yourself* [do punk] tinha tudo a ver com um país que começava a explorar a abertura política do general Ernesto Geisel". Nascia dessa visão, em 1978, o trio punk Aborto Elétrico, cujo nome era atribuído, numa difundida versão folclórica, ao cassetete policial que fez uma grávida abortar numa manifestação. O repertório criado em quatro anos acabou repartido entre a Legião Urbana, que ficou com canções como "Geração Coca-Cola" e "Que país é este", e o Capital Inicial, do baterista Fê Lemos, que herdou e gravou "Fátima", "Ficção científica", "Música urbana" e "Veraneio vascaína".

> **Porque pobre quando nasce**
> **Com instinto assassino**
> **Sabe o que vai ser quando crescer desde menino**
> **Ladrão pra roubar, marginal pra matar**
> **Papai, eu quero ser policial quando eu crescer**
> "Veraneio vascaína", Renato Russo

Com título alusivo ao modelo da viatura policial e sua pintura alvinegra, "Veraneio vascaína" nasceu como um desabafo de Renato pelo susto com a violência da PM numa rockonha, festa com livre consumo de drogas numa fazenda. Ele fora preso enquanto vendia loló, droga com clorofórmio e éter, e, em outra festa, levou um soco, perdeu a consciência e voltou à prisão, onde se viu obrigado a ficar sem roupa. A aversão ao abuso de autoridade salta aos olhos nesse retrato mordaz de agentes da lei capazes de desprezar o legítimo direito de defesa (vide "Tanto faz, ninguém se importa se você é inocente/ [...] Eu estou do lado da lei"). Chamados a dar explicações sobre a letra, Renato e o parceiro Flávio Lemos gazetearam a convocação.

"Era tudo tão louco, nem eles sabiam o que era; implicavam com todo mundo. A Colina, que era nossa base bem no comecinho, era também a residência dos professores da UnB, gente de esquerda que não podia falar", contou Renato em 1989 à revista *Bizz*. "Volta e meia, vinham as joaninhas [apelido do fusca da polícia]. Não, não eram joaninhas; era veraneio mesmo. Essa história de 'Veraneio vascaína' é por causa disso. Eles entravam na universidade, aquelas coisas de bater em estudante etc."

Episódios como esse levaram o letrista a retratar o autoritarismo em sua obra. No disco de estreia, *Legião Urbana*, ele aparece numa crítica à escola como um local opressivo onde se perde tempo em aulas de utilidade duvidosa ("Fazia tudo que eles quisessem/ Acreditava em tudo que eles me dissessem" ou "E aprendi a roubar pra vencer", de "O reggae"). Lançado em janeiro de 1985, às vésperas do Rock in Rio e da eleição de Tancredo, o disco era marcado pela contestação de influência punk. Como avaliou o cantor no jornal carioca *O Dia*, o LP era "bem adolescente, visceral", um retrato de sua indignação à época. "Aquele disco dava um panorama de tudo o que estava acontecendo com o jovem daquela época e, por tabelinha, com o jovem de hoje em dia", disse certa vez, segundo Arthur Dapieve, biógrafo de Renato Russo.

O nome previsto para o LP era *Revoluções por minuto*, que acabou usado no primeiro álbum da banda RPM, lançado poucos meses depois. Como notou Dapieve, o disco era majoritariamente político, num sentido amplo: "Suas músicas falavam de como crescer sem perder a inocência ('Será'); do descaso das autoridades com a juventude do país ('Petróleo do futuro'); da falência do sistema educacional ('O reggae'); da violência na televisão ('Baader-Meinhof blues'); da confusão das drogas ('Perdidos no espaço')." "Baader-Meinhof blues", cujo título evoca o grupo guerrilheiro alemão de extrema-esquerda ativo de 1970 a 1998, termina com matizes bem políticos: "Não estatize meus sentimentos/ Pra seu governo/ O meu estado é independente." Se o LP era "um livro completo", como veio a definir Renato, ele não era uma coletânea de contos com tramas concisas, mas de 11 crônicas de uma geração recém-adulta. Em "Petróleo do futuro", o cronista exibia uma autoimagem deliberadamente depreciativa, de um "brasileiro errado", cercado de gente vencida por todos os lados.

> **Tire suas mãos de mim**
> **Eu não pertenço a você**
> **Não é me dominando assim**
> **Que você vai me entender**
> "Será", Renato Russo

Será ou não, eis a questão

A música de abertura e primeira a estourar, "Será", sugere dilemas típicos de romances juvenis, mas estava em sintonia com o então declínio do regime militar, principalmente nas perguntas do refrão, como "Será que vamos conseguir vencer?". Quem atentar aos primeiros versos notará que se questiona uma relação a dois com sinais de crise tanto quanto uma vida em sociedade sujeita à força do arbítrio.

> **Será só imaginação?**
> **Será que nada vai acontecer?**
> **Será que é tudo isso em vão?**
> **Será que vamos conseguir vencer?**
> "Será", Renato Russo

Ao anunciar "Será" num show no estádio brasiliense Mané Garrincha, em 1988, Renato contextualizou sua letra, de acordo com o biógrafo Carlos Marcelo: "Agora a gente vai tocar uma música que é muito importante pra gente. Que diz muita coisa sobre as coisas que a gente acredita. É sobre as coisas que estão acontecendo hoje em dia. E que de repente a gente para e vê que tem certas coisas que não adianta fazer absolutamente nada. Se o barco está afundando, vamos afundar todos juntos. Eu sinto muito." A nau da banda foi a pique de modo inesperado naquela noite. "Será" fechou prematuramente o show, que a Legião tinha sonhado como uma volta histórica à cidade de origem, mas acumulou falhas de produção como os dois metros de altura do palco, o acesso tumultuado do público e o esquema precário de segurança: policiais rasgaram faixas de protesto contra o governo Sarney, um fã agarrou o vocalista, o palco foi atingido por bombinhas e a noite acabou com múltiplas depredações, 385 feridos e 60 presos.

Com o título conjugado no futuro e versos atentos ao presente, "Será" trata, em resumo, de uma juventude com aspirações frustradas. Renato faria paralelo com "Andrea Doria", de *Dois* (1986): "'Andrea Doria' é a mesma coisa de 'Será': um jovem que quer mudar o mundo, porque está tudo horrível", disse em entrevista ao cantor Leoni para o livro *Letra, música e outras conversas*. "Coloca bem a questão da juventude, ter sonhos, fazer planos e esbarrar nesse mundo de hipocrisia, de mentira, do capitalismo, de consumismo e a gente fica sem saber o que fazer." "Andrea Doria" — nome de um navio italiano naufragado em 1956 — é, segundo o letrista, um diálogo para animar uma menina idealista que está para baixo ("Às vezes parecia que, de tanto acreditar/ Em tudo que achávamos tão certo,/ Teríamos o mundo inteiro e até um pouco mais/ Faríamos floresta do deserto"). No início dos anos 1990, "Será" voltou ao sucesso nas vozes de Simone e do grupo de pagode Raça Negra.

Os brasileiros que se perguntavam "Será que vamos conseguir vencer?" eram os mesmos que torceram "pro dia nascer feliz" a partir da eleição indireta de Tancredo Neves. Torciam tanto que o anúncio da vitória eleitoral no show do Barão Vermelho foi ouvido por "uma plateia em delírio com o Barão e o novo presidente", como narrou Lucinha Araújo na biografia de Cazuza. Dois meses depois, como se sabe, aquele povo caiu perplexo com a agonia e a morte de Tancredo, cujo discurso da vitória fora contundente: "Venho para realizar urgentes e corajosas mudanças políticas, sociais e econômicas, indispensáveis ao bem-estar do povo." A maior das mudanças, no curto prazo, veio a ser a identidade do titular da faixa presidencial.

> **É que eu tô pensando**
> **Num lugar melhor**
> **Ou eu tô amando**
> **E isso é bem pior, é...**
> "Por aí", Cazuza

Nem aí para dramas coletivos

A banda carioca Barão Vermelho não tinha a inquietação política da brasiliense Legião Urbana e privilegiava dramas da intimidade de jovens urbanos. Os encontros e desencontros amorosos aparecem até no que poderia ser o único olhar à vida pública no disco de estreia *Barão Vermelho* (1982): em "Por aí", um estado de espírito "meio distante" é atribuído ao pensamento num lugar melhor — outro país menos autoritário, será? — ou ao amor, de efeitos alegadamente mais nocivos.

A ênfase na vida afetiva e na autoidentidade marcou o início do Barão, vide "Todo amor que houver nessa vida" e "Por que a gente é assim?", e da carreira solo de Cazuza, em letras como "Codinome Beija-flor" e "Exagerado". Esse foco não o poupou do autoritarismo. Três anos após a censura ser driblada em "Posando de star", faixa que abria *Barão Vermelho*, o LP *Exagerado* (1985) foi uma vítima retardatária da censura, que proibiu a exibição pública de "Só as mães são felizes" por falar em "michê" e "puta" e por sua estrofe "Você nunca sonhou/ Ser currada por animais/ Nem transou com cadáveres?/ Nunca traiu teu melhor amigo/ Nem quis comer a tua mãe?".

"Eu bobeei e mandei a letra certa", contou Cazuza, que costumava enviar à censura versões diferentes e inofensivas das letras que iria gravar. "Vetaram, é lógico. Não entenderam que era uma coisa moralista, pós-Nelson Rodrigues. Usei imagens fortes para falar de meu preconceito com o fato de não permitir a nenhuma mãe do mundo encarar as barras que eu encarava. Era como se eu dissesse que as mães são para serem colocadas num altar, para serem veneradas." Em 1982, a Blitz vendera seu disco *As aventuras da Blitz* com as duas últimas faixas riscadas para expor a censura às letras, que continham um "ela diz que eu ando bundando", um "peru" e um "puta que pariu".

O rock da Blitz, do Barão e da Legião se seguia ao fenômeno da discoteca nas rádios, fatal ao potencial do rock pouco dançante do fim dos anos 1970. "Reinava a MPB de FM e, apesar da relativa abertura política, a sombra da repressão e a censura ainda desanimavam os que tentavam ser tematicamente ousados", escreveu o jornalista Silvio Essinger no verbete "Rock Brasil" do site CliqueMusic. "A garotada, porém, exigia uma nova linguagem musical, em que os seus temas básicos (amor, diversão, trabalho, família) fossem tratados de forma mais clara e despojada." Esse anseio foi atendido por jovens como Cazuza, Renato Russo, Herbert Vianna (Paralamas do Sucesso), Arnaldo Antunes (Titãs), Leoni (Kid Abelha) e Lulu Santos, que criaram e cantaram versos inspirados nas inquietações de sua geração, das mais íntimas às mais coletivas.

Em 1985, o Brasil perdera seu presidente. O Barão Vermelho, seu vocalista. E Cazuza exibia otimismo com a transição democrática em *O Estado de S. Paulo*: "O país continua com inúmeros problemas, e a Nova República ainda está em cima do muro em muitas questões. Mesmo assim, acho que a gente pode confiar em tempos melhores e menos obscuros." Naquele ano, ao abrir um show da Legião no dia da morte do ex-presidente Emílio Garrastazu Médici — autor do diagnóstico "o país vai bem, mas o povo vai mal" —, Renato Russo manifestou raiva contra o general: "A morte desse ditador me conforta e, creio, conforta a todas as pessoas que sonham com um Brasil livre e bonito. Então, vamos fazer deste show a celebração da morte de mais um fascista." Seu discurso não era só o de um entre os tantos críticos do regime militar, mas de alguém que se desiludira.

Quando adolescente, Renato vira em Médici o "maior presidente do mundo", pois lhe parecia que o país e o povo iam bem, vide a estabilidade de sua família, com o pai trabalhando no Banco do Brasil. Porém, ainda na juventude ele se indignaria com o cenário político, como ao responder à colega de escola Inês, que lhe dissera estranhar que eles e suas famílias frequentassem sempre os mesmos espaços da capital: banco, igreja, quadra habitacional, escola, clube etc. "Não dá para falar lá fora, mas eles botaram a gente nos mesmos apartamentos quadradinhos, bem iguaizinhos, para ver se a gente fica bem quietinho...", teria dito Renato, segundo relato de seu biógrafo Carlos Marcelo. "Democracia sem liberdade de expressão não existe."

Um eco daquele diálogo de adolescentes em meados dos anos 1970 seria ouvido cerca de duas décadas depois, numa entrevista em 1994 para a MTV Brasil. "Tem gente aqui no Brasil que está com esses papos de 'os militares têm que voltar'. Imagina, isso é uma coisa que aconteceu. Há menos de dez anos atrás, a gente ainda tinha militar no poder. Será que o povo esqueceu?", desabafou Renato. "Será que nós nos esquecemos de como é ruim não ter liberdade? E é fascista sendo eleito na Inglaterra [primeiro-ministro John Major, vitorioso em 1992], fascista sendo eleito na Rússia [Boris Yeltsin, escolhido em 1991]. Aqui na América do Sul a gente já teve o [Alberto] Fujimori [presidente do Peru, 1990-2000] e tem um bando de babaca aqui no Brasil dizendo que 'a gente precisa de um Fujimori'." Para o bem da nação, não elegeríamos um presidente dessa categoria.

> **Cortaram meus braços**
> **Cortaram minhas mãos**
> **Cortaram minhas pernas**
> **Num dia de verão**
> "1965 (Duas tribos)", Renato Russo

Não ao regime autoritário

A aversão de Renato à ditadura e ao ufanismo oficial viria estampada em "1965 (Duas tribos)", do disco *As quatro estações* (1989). O título remete ao ano seguinte ao golpe militar e os versos fazem referência à tortura, como na estrofe acima. A crítica contundente a essa prática vocaliza uma visão hoje corrente de que ela é um crime de lesa-humanidade, vitimando não só torturados, mas todos nós. O tom de indignação com o governo sobe na segunda estrofe, que lista desejos alheios de converter virtudes em males:

> **Quando querem transformar**
> **Dignidade em doença**
> **Quando querem transformar**
> **Inteligência em traição**

> **Quando querem transformar**
> **Estupidez em recompensa**
> **Quando querem transformar**
> **Esperança em maldição:**
> **É o bem contra o mal**
> "1965 (Duas tribos)", Renato Russo

Na sequência da letra, o ouvinte é questionado sobre o lado em que está nessa luta entre o bem e o mal, na qual o eu lírico está do lado do bem, "com a luz e com os anjos". A letra é um libelo contra o autoritarismo, que mostrou sua força sobre incontáveis brasileiros. Para o filósofo Marcos Carvalho Lopes, o disco *As quatro estações* é todo permeado pelo discurso antifascista. "Tanto o resgate do sagrado, como a angústia e a falta de comunicação do homem moderno, a busca de valores éticos, a valorização do humor, a denúncia do fascismo, são temas que vão se repetir e se desenvolver dentro de toda essa obra", comentou Lopes num dos ensaios de seu livro *Canção, estética e política*.

O letrista considerava "1965 (Duas tribos)" a faixa mais política do disco de 1989, pois abordava a tortura numa época em que a juventude confiava numa certa promessa de Brasil. "É uma coisa muito perigosa, eu acho, a ideia: 'Não, a gente era feliz naquela época.' Gente, eu não me lembro de ser feliz naquela época, não!", lamentou diante dos jovens do auditório do *Programa livre*, em 1994. "Fazer redação dizendo que o presidente é maravilhoso, quando, muito tempo depois, a gente descobre que as pessoas estão sendo mortas, em nome de uma coisa que não se sabe o que é. Eu acho isso péssimo." A música acaba com repetições de que "o Brasil é o país do futuro" e de que o eu lírico quer "tudo pra cima". Esse trecho está entre os mais irônicos do compositor, que já estava saturado daquela expressão tão em voga que, mais do que revelar uma confiança no potencial pátrio, adia a felicidade da nação para um amanhã indefinido. O incômodo com esse país ainda aparecia de passagem em "Maurício", canção de desalento pós-ruptura de um casal, daí os planos de buscá-la em "algum país distante". A felicidade não lhe parecia disponível aqui.

A aversão ao autoritarismo dos militares ressurge no CD póstumo *Uma outra estação* (1997), com gravações do ano anterior. "La Maison Dieu" abre com uma promessa de não revelar a "vinte mil soldados" o paradeiro de alguém e faz menções tristes à indiferença da pátria, à tortura e ao desaparecimento de inocentes: "Eu sou a pátria que lhe esqueceu/ O carrasco que lhe torturou/ O general que lhe arrancou os olhos [...] O choque elétrico e os gritos/ — Parem por favor, isso dói."

É difícil evitar o paralelo com "1965 (Duas tribos)" tal a ojeriza à violência usada por forças oficiais, contrárias à anistia, e ao terror de uma "revolução" de generais e de um exército "de merda". Quase no fim da letra de 51 versos de "La Maison Dieu", Renato Russo lembra que é preciso atenção para não sermos mais vítimas do terror, pois ele só teria mudado de cheiro e de uniforme.

> **Eu sou a lembrança do terror**
> **De uma revolução de merda**
> **De generais e de um exército de merda**
> **Não, nunca poderemos esquecer**
> **Nem devemos perdoar**
> **Eu não anistiei ninguém**
> "La Maison Dieu", Renato Russo

Outra referência à "revolução de 1964" — como militares classificaram o golpe — aparece em "Geração Coca-Cola", escrita para o Aborto Elétrico em 1978 como uma crítica à alienação, não apenas à causada pelo governo. Era uma música de quem estava "mais a fim de cuspir em cima dos outros", nas palavras de Renato, declaradas ao *Correio Braziliense* em 1986. Daí sua contestação ao consumismo e à influência da cultura americana, com seus seriados e fast-foods. O refrão foi — e ainda é — gritado mesmo por aqueles nos quais a música mirava sua cusparada: "Somos os filhos da revolução/ Somos burgueses sem religião/ Somos o futuro da nação/ Geração Coca-Cola". Ao cantarem o nome do refrigerante, vocalista e fãs sempre esticavam as vogais, como que para soar primitivo, infantil ou ambos.

Parece-me claro que a revolução citada é o golpe que depôs João Goulart. Essa leitura, porém, não é compartilhada por outros ouvintes, como as pesquisadoras Angélica Castilho e Erica Schlude, que julgam indefinida essa revolução numa das interpretações de letras da Legião no livro *Depois do fim*. Para elas, a música se tornou um "hino do progresso às avessas". Um diálogo implícito entre "Geração Coca-Cola" e "God Save the Queen", dos ingleses do Sex Pistols, é frisado por Erica Magi em seu livro sobre a Legião. A pesquisadora compara as letras a partir da crítica de jovens ao passado recente e da rejeição ao meio onde cresceram, mas ressalva que a canção britânica não traduz uma autoimagem dos jovens como realizadores, a exemplo do hit brasileiro. Um comentário de Renato sobre o LP *Legião Urbana* ao jornal *O Dia* no fim dos anos 1980 evidenciaria sua intenção: "O que mais queríamos era dizer o que alguns não podiam ouvir e o que outros não podiam dizer." Ele detestava ser ouvido como porta-voz de bandeiras ou opiniões políticas e dizia que, se "quisesse fazer política, deixaria o palco e tentaria um cargo de deputado".

A contraposição entre a música e a política voltaria a ser explicitada por Renato: "Jovem, por favor, escuta: Lobão, eu, Cazuza, quem quer que seja, a gente não vai mudar as coisas, coloque isso na tua cabeça. Nós pegamos um violão, cantamos, mas isso não tem nada a ver com o mundo real. Música é música. Se vocês querem que mude, usem seu título de eleitor." O ano era 1989, o da primeira eleição presidencial desde a usurpação de 1964. Ele acrescentaria que, se quisesse mudar o mundo, estaria no Projeto Rondon (programa de extensão universitária nos rincões) ou filiado a um partido, e não em uma banda. "Se vocês quiserem falar que o céu é azul, lindo, e que brigaram com a namorada, tudo bem", alertou alguém que acabara de lançar o quarto disco da banda, *As quatro estações*. "Mas se querem resolver o problema do país, em vez de pegar uma guitarra, entrem para um partido, vão trabalhar, sejam honestos e mudem as coisas."

No palco, Cazuza e Renato não deixaram de fazer política, exprimindo em muitas letras civismo e dedicação ao interesse coletivo, na contramão de nossa tradição de falta de espírito público e solidariedade comunal, diagnosticada por autores como Oliveira Viana. O civismo, segundo tantos estudiosos, afeta a confiança e, a partir daí, o desempenho da democracia. Não se via no Brasil uma comunidade cívica, caracterizada pelo cientista político Robert Putnam como aquela com "cidadãos atuantes e imbuídos de espírito público, por relações políticas igualitárias, por uma estrutura social firmada na confiança e na colaboração". Ainda hoje se ressente da escassez de todas essas qualidades por aqui.

Enquanto Renato abordou o autoritarismo do regime militar, desejando seu fim, ao lado do fim dos abusos policiais, em letras como "Veraneio vascaína", "Geração Coca-Cola", "Será", "1965 (Duas tribos)" e "La Maison Dieu", Cazuza evitou temas políticos nas primeiras canções. Todavia, o autor de "Por aí" também criticou o governo pela prática autoritária da censura, que marcou sua estreia na carreira solo. As escolhas desses artistas entre falar ou calar ilustram os polos presentes na população, que oscilou do engajamento nos comícios das Diretas Já ao silêncio no dito "estelionato eleitoral" de 1986, quando o congelamento de preços pelo Plano Cruzado ajudou a eleger 23 dos 24 governadores. Com a volta à democracia, calar sobre algumas vicissitudes do país não era mais uma necessidade e falar sobre elas deixava de ser subversão.

3. PATRIOTISMO:
EXALTAÇÃO E INDIGNAÇÃO CONVIVEM

O Brasil vai ensinar o mundo/ A arte de viver sem guerra/ E, apesar de tudo, ser alegre/ Respeitar o seu irmão

"O Brasil vai ensinar o mundo", Cazuza

A mão que afaga é a mesma que apedreja, Augusto dos Anjos escreveu — Cazuza atestou. Após se enrolar na bandeira nacional no Rock in Rio, o cantor cuspiu na bandeira lançada três anos depois, em 1988, por sua prima no palco do Canecão. Na biografia do filho, Lucinha Araújo contou que ele dizia ter sido um gesto tresloucado de um ufanista, pois o Brasil não merecia manifestações daquele tipo: "Uma inflação de 900% corroía nossa economia, as denúncias de irregularidades e o assassinato de Chico Mendes [seringueiro rival dos desmatamentos na Amazônia] cobriam de tristeza e desilusão o país que meu filho tanto amava." Ele cuspia naquele país.

Cazuza redirecionou seu amor à pátria como quem troca o rock pela MPB. Em vez de valorizar bandeira, hino etc., ele assumia um patriotismo "muito mais com o sentimento", e menos com símbolos. "Sempre fui patriota, de gostar de ser brasileiro, de gostar de morar no Rio de Janeiro, de adorar isto aqui", declarou ainda em 1988. "Sou daquelas pessoas que têm amor à terra. Mesmo na época da ditadura, com aquele clima tenso, militarismo... eu cresci em meio a isso, e a gente debochava muito do país." Ele apreciava o brasileiro pelo humor e por não se levar a sério, mas não foi com humor que o cuspe na bandeira foi visto por todos. O jornal *O Estado de S. Paulo* ficou sem citá-lo, e uma enquete do *Jornal do Brasil* ouviu críticas ao gesto — uma delas fez Cazuza escrever uma resposta que, por decisão de seu pai, só foi divulgada após sua morte, no jornal *O Globo*:

> [...] Eu realmente cuspi na bandeira, e duas vezes. Não me arrependo [...]

O senhor Humberto Saad [empresário ouvido pelo JB] declarou que eu não entendo o que é a bandeira brasileira, que ela não simboliza o poder mas a nossa história. Tudo bem, eu cuspo nessa história triste e patética.

Os jovens americanos queimavam sua bandeira em protesto contra a guerra do Vietnã, queimavam a bandeira de um país onde todos têm as mesmas oportunidades, onde não há impunidade e um presidente é deposto pelo "simples" fato de ter escondido alguma coisa do povo.

Será que as pessoas não têm consciência de que o Vietnã é logo ali, na Amazônia, que as crianças índias são bombardeadas e assassinadas com os mesmos olhos puxados? Que a África do Sul é aqui, nesse apartheid disfarçado em democracia, onde mais de cinquenta milhões de pessoas vivem à margem do Ordem e Progresso, analfabetos e famintos?

Eu sei muito bem o que é a bandeira do Brasil, me enrolei nela no Rock'n'Rio junto com uma multidão que acreditava que esse país podia realmente mudar.

A bandeira de um país é o símbolo da nacionalidade para um povo.

Vamos amá-la e respeitá-la no dia em que o que está escrito nela for uma realidade. Por enquanto, estamos esperando.

A indignação de Cazuza, que aproximava o Brasil sem ordem ou progresso do Vietnã em guerra contra os americanos, não o tornou descrente em absoluto. Foi isso que ocorreu a 400 mil cariocas que, nas urnas analógicas de 1988, votaram no macaco Tião, do zoológico, para vereador, numa campanha liderada pela revista *Casseta Popular* e rejeitada pelo cantor, que julgou a ideia um "deboche da situação política caótica". Dizendo-se sonhador, ele se negou a anular o voto e viu as eleições como uma maravilha. "Talvez ocorram ainda algumas conturbações, mas acho que não vamos repetir igualzinho 64, desta vez aprendemos a lição", declarou, se referindo ao apoio inicial de muitos civis ao golpe que tinha deposto João Goulart 24 anos antes. "Tento acreditar nisso."

O patriotismo já viera à tona numa opinião manifestada em 1985, marco da redemocratização com o fim do governo Figueiredo: "O Brasil precisa de muita força de seu povo. O único país da América Latina que está com a cabeça erguida é Cuba, que fez uma revolução contra um poder enorme. A gente tá muito de cabeça baixa… FMI, o brasileiro que mora em N.Y. fica querendo falar inglês porque lá é a capital do mundo; não tem nada disso, a gente tem que ter orgulho de ser brasileiro, sul-americano, ter brilho nos olhos." O exemplo cubano seria recorrente a toda uma geração que admirou Che Guevara e Fidel Castro pelo idealismo de esquerda, que não era sentido entre as lideranças que continuaram em atividade no Brasil.

Um país injusto e desonesto, mas capaz de dar a volta por cima, é cantado em "Brasil", o maior petardo político de Cazuza, lançado no filme *Rádio Pirata* (1987) e popularizado na novela *Vale tudo* (1988). Os ataques a problemas como a exclusão de tantos e a falta de ética sinalizam uma frustração de quem esperava mais mudanças com a volta dos civis ao poder. Seu início não é só um desabafo, mas uma estocada, ao citar uma "festa pobre" para a qual não convidaram o eu lírico, que, por sua vez, deve ser convencido a pagar toda a droga "malhada" (misturada a outras substâncias) antes de seu nascimento. Não admira que a letra tenha calado tão fundo entre seus conterrâneos, descrentes com o que viam.

> **Não me convidaram**
> **Pra essa festa pobre**
> **Que os homens armaram pra me convencer**
> **A pagar sem ver**
> **Toda essa droga**
> **Que já vem malhada antes de eu nascer**
>
> **Não me ofereceram**
> **Nem um cigarro**
> **Fiquei na porta estacionando os carros**

Não me elegeram
Chefe de nada
O meu cartão de crédito é uma navalha
[...]
Brasil
Qual é o teu negócio?
O nome do teu sócio?
Confia em mim
"Brasil", Cazuza

A revolta partia de alguém que ficara à margem dos protestos na fase mais politizada do rock nacional daquela década. Cazuza negou que as estrofes de "Brasil" representassem uma "fase política". Ao *Jornal do Brasil*, ele atribuiu esse foco à sua percepção de um "país totalmente ridículo", que não vira antes por atentar mais à vida íntima. "É um deboche sem autocompaixão onde eu peço à pátria que me conte todas as suas sacanagens, que não vou espalhar pra ninguém", resumiu ao jornal *O Globo*. Seu misto de denúncia e convocação acabava numa contundente manifestação de patriotismo: "Grande pátria desimportante/ Em nenhum instante/ Eu vou te trair/ (Não vou te trair)."

Não teria sido só o que via pela janela que levou Cazuza a mirar outros alvos em sua obra. O amigo Roberto Frejat, que musicou letras suas no Barão e fora da banda, avaliou que a saúde abalada pela aids também teve efeito no repertório. "A abordagem mudou. 'Brasil' é a primeira com essa troca de perspectiva", notou para Jamari França, no *Jornal do Brasil*, julgando que a lente voltada ao mundo exterior se devia à possibilidade da morte e à sua demanda própria de deixar letras com outros olhares. Cazuza discordaria dessa relação de causa e efeito. "Ficar doente me deixou muito tempo sozinho, no hospital e depois dentro de casa, o que me fez pensar muito e encarar as coisas de um outro ponto de vista. Mas, antes da doença, eu já vinha nesse processo", declarou em 1988 a José Castello, no *Jornal do Brasil*. "A música 'Brasil', por exemplo, foi feita muito tempo antes da doença. Eu já andava grilado comigo, me achando repetitivo, preso nos mesmos temas. Não foi a doença que detonou esta crise, talvez tenha sido a crise que detonou a doença." Não seria naquele contexto que Cazuza abriria mão de frases de efeito.

O recado foi dado e recebeu elogios por toda parte. O jornalista Artur Xexéo, também no *Jornal do Brasil*, ouviu-o como um "rock furioso que definiu o país do pós-Cruzado de maneira mais afiada que qualquer editorial de imprensa oposicionista e de modo mais eficiente que muita tese de cientistas políticos". A música não seria celebrada só durante seu tempo, nem apenas na imprensa cultural. "Seu discurso faz as vezes de um verdugo a expor as mazelas e as feridas de uma sociedade mergulhada no descaso e na indiferença, uma sociedade decadente, mas que não deseja tomar conhecimento de si, tampouco assumir uma perspectiva de mudança", notou o pesquisador Paulo Fernando Andrade Vanna em sua dissertação de mestrado *Do cotidiano à poesia*, sobre obras criadas por Cazuza e Renato Russo.

Quando a propaganda eleitoral de Fernando Collor em 1989 usou "Brasil" como trilha, os autores da melodia, George Israel e Nilo Romero, protestaram contra o uso não autorizado. "Ele [Collor] é o típico filho da ditadura, um oportunista que, se fez uma bandalheira desta com a gente, imagine o que pode fazer com o Brasil se for presidente", profetizou Romero, que levou o caso à Justiça, em entrevista para Luciana Hidalgo, de *O Globo*. Como o oportunismo não tinha limites, o fim do vídeo trazia um agradecimento de Collor para Cazuza com uma menção enganosa de que a música tinha sido cedida por ele.

Alheio à manobra, o cantor continuava internado em Boston, o que o impediu de votar, mas não de manifestar sua preferência pelo rival de Collor no segundo turno, como noticiou a *Veja*: um pôster de Luís Inácio Lula da Silva fora afixado em seu quarto na UTI. Num show em Maceió em janeiro de 1989, porém, ele demonstrava outra preferência na cena política: se disse contente por cantar na terra de Collor e foi muito vaiado, dada a demissão de 6.500 servidores pelo governador no dia anterior. "O que está havendo? Collor é um homem sério e bem intencionado", disse, catalisando mais vaias, segundo narrou a *Veja*. Pediu silêncio e concluiu: "Eu e o Collor não temos culpa de sermos ricos e poderosos." Fora o descompasso com o público naquela conjuntura, fez uma exibição de nu frontal e não se furtou a bolinar os seios de uma fã no palco.

> **É preciso mudar e lutar**
> **Eu acredito na força do português**
> **No mundo do português burro no mundo**
> **Porque a grande piada é o Brasil**
> "Portuga", Cazuza

Uma piada terceiro-mundista

Enquanto o público de "Brasil" ainda saltava dos milhares de espectadores do filme *Rádio pirata* para os milhões da novela *Vale tudo*, cuja audiência média foi de 56 pontos (94 no capítulo final), a música brasileira mais tocada nas rádios em 1987 era outro desabafo: "Que país é este", na qual a Legião respondia com quantos acordes se faz um rock para a posteridade — no caso, bastaram três. O encarte do disco lamentava a falta de mudanças efetivas que tornassem obsoleta a letra composta nos idos de 1978, citando a condição do país como "terceiro mundo" e o tachando de "piada no exterior".

"'Nas favelas, no Senado, sujeira pra todo lado' é de certa forma adolescente e ingênuo, mas, depois de uma letra como 'Índios', que trata do mesmo assunto, poderia até ser a mesma música, para onde ir?", perguntava Renato Russo no encarte, citando a última faixa de *Dois* (1986). "Há uma diferença de sete anos entre as duas e o que mudou? Parece até que queremos 'vender todas as almas dos nossos índios num leilão' ainda, do jeito que as coisas vão."

A corrupção e os abusos contra povos indígenas foram alvos de Renato, para quem "a proximidade do poder faz com que se você quiser ter uma postura rebelde, irresponsavelmente anárquica, é muito mais fácil", conforme declarou ao jornal catarinense *O Estado*, não mais em circulação.

Terceiro mundo se for
Piada no exterior
"Que país é este", Renato Russo

Escolhida para abrir os shows da Legião, a música protestava contra males sobre os quais se costumava calar nos anos 1970. "Agora, principalmente com o horário eleitoral gratuito, corrupção, violência e miséria estão todo dia na televisão, mas não existe uma saída visível", disse Renato ao jornal baiano *A tarde* em 1989. Nesse ano, questionado sobre a pergunta-título que propôs, ele alegou que aquela era uma exclamação. "A gente tem um material para ser trabalhado aqui no Brasil fabuloso, eu acho que a gente tem tudo", disse o letrista à *IstoÉ*. "O que a gente tem de perceber é que o Brasil também é um país do Primeiro Mundo e que existe a possibilidade e que realmente as pessoas estão trabalhando nisso." Mas ele ressalvava que o país era de Primeiro Mundo apenas para uma parte da população.

A gravação de "Que país é este" nove anos após sua criação motivou Renato a fixar, também no encarte de 1987, um desabafo contra ataques a um primitivismo e impacto alienante do rock. O cantor rebateu citando sua própria letra: "Realmente o rock pode não ser novidade já que é uma forma musical que nasceu em 1955, não tem mais de trinta anos portanto. Bate-estaca ou não, juvenil ou não, preste atenção à letra de 'Que país é este'. Não nos parece coisa de gente que se esqueceu da realidade que a cerca. Comparar o rock com ditadura? Que país é este?"

Após a mordacidade de "Brasil" e "Que país é este", os brasileiros ouviram outro tipo de manifestação de patriotismo em "O Brasil vai ensinar o mundo", música de Cazuza do disco póstumo *Por aí*

(1991), de gravações não usadas no álbum duplo *Burguesia* (1989). Sua letra avisava que o país tinha tanto a ensinar ao mundo quanto a aprender com ele: "A ser menos preguiçoso/ A respeitar as leis."

> **O Brasil vai ensinar o mundo**
> **A convivência entre as raças preto, branco, judeu, palestino**
> **Porque aqui não tem rancor**
> **E há um jeitinho pra tudo**
> "O Brasil vai ensinar o mundo", Cazuza

Repetido três vezes seguidas, o verso "e há um jeitinho pra tudo" nada mais é do que uma referência ao tão falado "jeitinho brasileiro", noção de domínio popular que estudiosos veem como uma prática entre o favor e a corrupção, geralmente criativa e sempre alheia à norma. O jeitinho seria, assim, uma das razões para o Brasil ter de aprender com o mundo o respeito às leis. Mas o país, para Cazuza, teria mais lições a dar, como ensinar a ser alegre e a conversar mais com Deus — nesse fim da canção, o autor me soa mais partidário da liberdade de expressão do que da prática religiosa.

No mesmo disco, "Portuga" fazia graça com o gosto pela desgraça, o saudosismo e outros traços de portugueses, eternos alvos de piadas por aqui. Ao fim da letra, Cazuza surpreendia com outro clamor patriótico e bem humorado: "É preciso mudar e lutar [...] porque a grande piada é o Brasil." Para não deixar dúvidas, ele fechava a gravação repetindo seis vezes o verso final, que parecia ecoar aquele da "piada no exterior".

> **Quase acreditei na sua promessa**
> **E o que vejo é fome e destruição**
> **Perdi a minha sela e a minha espada**
> **Perdi o meu castelo e minha princesa.**
> "Metal contra as nuvens", Renato Russo

"Esse país tá tão mal!"

Lançado meses após *Por aí*, o quinto disco da Legião Urbana, *V* (1991), trazia letras melancólicas de um Renato Russo desapontado com a vida pública — do bloqueio de depósitos do Plano Collor 1 e das denúncias de corrupção — e com a vida íntima, do impacto da descoberta de que contraíra aids. Naquele clima, não houve como investir na ideia inicial de um disco mais leve, com mensagens positivas — os casos isolados nessa linha foram "Sereníssima" e "O mundo anda tão complicado". "Vamos fazer umas músicas alegres? Vamos fazer umas coisas legais e pra cima! Porque chega, esse país tá tão mal! E realmente isso não apareceu", relatou o vocalista para Jorge Espírito Santo na MTV. "Mas o que a gente realmente achou que tava mais próximo do que a gente sabe fazer, dentre as coisas que estavam legais, era justamente abrir o disco com 'Pois nasci nunca vi amor' [em "Love Song", com a cantiga de amor escrita pelo português Nuno Fernandes Torneal no século XIII]. Pronto, esse é o disco."

Se a reclamação do primeiro LP tinha "certa virulência", como avaliou Renato à *Bizz*, agora ela tinha um quê de aromatizador de banheiro: era "uma música totalmente linda, dizendo que o mundo está uma merda", nas palavras do líder da Legião. A faixa mais emblemática desse estado de espírito é "Metal contra as nuvens", cujas quatro partes narram o descompasso entre um herói idealista e o mundo. O herói se envaidece de seus valores e sua terra, enquanto o mundo não parece fértil a seus ideais e o frustra com problemas como fome, corrupção e mentira. "Quase acreditei", esbraveja o eu lírico duas vezes após a estrofe da epígrafe acima, tocada e cantada com o furor de um cônjuge que testemunha um adultério em sua cama.

Essa segunda parte acaba grandiloquente, num tom *molto vivace*, e nada *allegro*. Afinal, o eu lírico desabafa que guardará seu tesouro, caso aquele que fez a promessa estiver mentindo, e explode em quatro repetições de um ameaçador e metafórico alerta: "Olha o sopro do dragão." A terceira parte termina, apesar de todos os reveses, apontando para uma saída — não se entregar sem lutar, não se render —, que vale para dilemas públicos e privados, como a aids ali referida, conforme notou Arthur Dapieve na biografia do cantor.

Nesse conto de fadas com príncipe sem espada, sem castelo e sem princesa, sobra gana pelo final feliz, como promete a quarta e última parte. Ela abre com uma noção interpretável como esperança ou resignação ("tudo passa, tudo passará"). E as estrofes finais revelam expectativas otimistas do herói, como em "teremos coisas bonitas para contar" e "apenas começamos". Após a tempestade, não lhe faltava fé na bonança.

— Tudo passa, tudo passará.

E nossa estória, não estará pelo avesso
Assim, sem final feliz.
Teremos coisas bonitas para contar.

E até lá vamos viver
Temos muito ainda por fazer.
Não olhe para trás –
Apenas começamos.
O mundo começa agora –
Apenas começamos.
"Metal contra as nuvens", Renato Russo

"Depois do *Quatro estações*, que é uma tentativa de uma busca espiritual, uma tentativa de buscar amor, deu no que deu, gente", lamentou Renato à MTV em 1994. "Collor foi eleito e acabou com o nosso país. O *Quatro Estações* foi lançado um pouquinho antes das eleições e o *V* foi lançado já com o Collor no poder, em dezembro [1991], depois que ele já tinha pego o dinheiro de todo mundo [com o Plano Collor]. Então era o clima. Eu vou falar da minha vida, né? Então é aquilo: 'Quase acreditei na sua promessa e o que vejo é fome e destruição.'"

"O teatro dos vampiros", do mesmo disco, compartilha o sentimento de desolação em um mundo desconfortável. A ideia original era falar da televisão numa época em que a novela *Vamp* fazia sucesso com personagens vampiros, mas os versos retrataram uma geração sem dinheiro no bolso, alvo do confisco de Collor. Renato foi um descrente de primeira hora: "Não confio nessa coisa da maioria. Sabe, vai ser bom para todo mundo, então vou cortar seu braço." Representada nos indicadores da economia e da violência urbana, a crise também marcava presença no cancioneiro.

A desilusão não está só nos versos, mas na percussão sem energia, porém cheia de significado, que cadencia o canto de "O teatro dos vampiros". A segunda estrofe lamenta os assassinos livres e a população presa em casa, por falta de segurança e dinheiro. A situação gera solidão e, por fim, medo: "E de pensar nisso tudo, eu, homem feito/ Tive medo e não consegui dormir." Ao se referir à "riqueza que nós temos", Renato parece lamentar a ocultação das riquezas intangíveis, mais do que patrimônios.

> **Quando me vi tendo de viver comigo apenas**
> **E com o mundo**
> **Você me veio como um sonho bom**
> **E me assustei**
> **Não sou perfeito**
> **Eu não esqueço**
> **A riqueza que nós temos**
> **Ninguém consegue perceber**
> **E de pensar nisso tudo, eu, homem feito**
> **Tive medo e não consegui dormir.**
> **[...]**
> **Comparamos nossas vidas**
> **E mesmo assim, não tenho pena de ninguém.**
> "O teatro dos vampiros", Renato Russo

"A cada dia que passa, você vai descobrindo que a situação é pior do que você podia imaginar", desabafou para a MTV, já com a poeira mais baixa, em 1994. "Porque teve um momento em que aí você começou a ver que o pessoal 'tava roubando mesmo. Quando começou aquela coisa de PC e você pensou 'Estamos perdidos mesmo! O que é que vai acontecer?', isso refletiu na música. Não tinha como eu ser honesto e falar 'está tudo bem, está tudo feliz'!"

Cinco anos antes, o cantor evitara ser assertivo ao responder ao *Correio Braziliense* o que esperava do Brasil: "Não dá pra saber. Espero que tudo melhore, nota-se uma conscientização das pessoas. Levamos muita porrada e está todo mundo insatisfeito... As eleições são importantíssimas, mas é impossível saber alguma coisa." Ele dizia se preocupar e até se deprimir ao pensar que tanta insatisfação podia não mudar nada. "Fico achando que as pessoas são cegas, não querem ver o que está acontecendo, não se ajudam e vivem num processo de servidão voluntária", lamentou na mesma época, conforme citação de *Renato Russo de A a Z*: "A maioria das pessoas insatisfeitas não faz nada para reverter a situação. Eu vejo algumas pessoas dizerem que o horário eleitoral é algo humorístico, mas que graça tem aquilo? Não é humorístico, é patético na maioria das vezes. Agora, vai ver que meu caráter é diferente do perfil do povo brasileiro." Catalisada pela mídia e oposição, a insatisfação popular ganharia corpo em 1992 nas passeatas pela queda do presidente, envolvido em acusações de corrupção.

Nos anos Collor, num show de *As quatro estações* em São Paulo, Renato fez críticas raivosas ao presidente e à ministra da Economia, Zélia Cardoso de Mello, num improviso em "O reggae", ode contra a alienação escolar. "A minha prima diz que o presidente é um tesão. A minha prima diz que o presidente é bonitão. Eu não sei, não", afirmou o cantor, segundo relato de Eduardo Toledo no site O sopro do dragão. "Inflação zero só se for na casa deles. A Zélia deve ser virgem. Tá com a aliança no dedo. Ela devia é enfiar aquele dedo naquele lugar. Bem, eu não vou nem falar o resto que a gente sabe, hein. Já me disseram que o presidente faz sabe o quê? Eu não falei nada." Em vez de pilhérias pueris e obscenas como essa, o que ficou, felizmente, foi um disco pungente e sem concessões à frivolidade.

> **— A gente quer é um lugar pra gente**
> **A gente quer é de papel passado**
> **Com festa, bolo e brigadeiro**
> **A gente quer um canto sossegado.**
> "O descobrimento do Brasil", Renato Russo

Da lama às despedidas

Após a frustração de *V*, veio a esperança de *O descobrimento do Brasil* (1993), com a proposta de "reconstrução" e de "falar da valorização da família sem ser careta". "O *V*, feito em cima da crise do Collor, era o disco da lama. Agora, mesmo com toda essa sujeirada da CPI, a gente quer mostrar que este país não é só de corruptos", disse Renato ao jornal *O Dia*, se referindo à Comissão Parlamentar de Inquérito criada para investigar o caso dos anões do orçamento. Certa vez, ele esclareceu à MTV que o sexto disco de estúdio da banda era sobre perda e todas as músicas eram de despedida, ainda que essa leitura não fosse tão acessível — ele próprio reconhecia —, devido ao modo como foram estruturadas.

"Este disco vai se chamar *O descobrimento do Brasil* porque é uma maneira de a gente dizer que o Brasil não é exatamente essa coisa ruim que a gente está vendo. O nosso país não é somente ônibus pegando fogo. A gente precisa descobrir o Brasil", afirmou Renato ainda em 1993, quando atear fogo em ônibus já era forma de protesto, como aconteceria duas décadas depois. "Gostaria de crer que se trata de um disco realista, um disco mais esperançoso… Se bem que esperançoso não é a palavra ideal. Todas as letras são realistas, mas todas têm também a coisa mítica — os versos de 'Perfeição' celebram Eros, Tânato. Mas, no fundo, quase todas as letras são de amor. 'Os barcos' é uma música de amor. O disco vai falar de bondade, espiritualidade... Essas coisas que os críticos detestam e dizem que é brega."

A faixa-título ilustra bem a proposta do disco de tratar de amor e bondade sem receio de ser brega, com um romance entre uma funcionária dos correios e um jovem eletricista. O amor é juvenil, idealizado e, para o bem de todos, correspondido. Se "O mundo anda tão complicado" (oitava faixa de *V*), a vida em família seria o refúgio prognosticado em "O descobrimento do Brasil", o álbum e a música, como se lê na epígrafe desta seção. A faixa "A fonte" se identifica como uma canção de amor, mas abre exprimindo desajustes com a terra natal, considerado como um "campo inimigo" onde não se consegue encontrar abrigo. Ante as adversidades nativas e o fingimento alheio que "dá câncer", a saída estaria no amor.

O patriotismo é escancarado em "Perfeição", manifesto sobre problemas nacionais como a bandidagem, jovens fora da escola e queimadas — preteridos em feriados e festas como o carnaval e campeonatos de futebol. "Vamos cantar juntos o Hino Nacional/ (A lágrima é verdadeira)/ Vamos celebrar nossa saudade/ E comemorar a nossa solidão" é um dos chamados irônicos para celebrar o país por seus vícios, e não pelas virtudes. A perfeição seria uma recompensa ao fim da travessia, que seria um inverno, como sugere a letra — ou inferno, como muitos talvez prefiram. O trecho final defende que o futuro coletivo recomeça ("Venha, que o que vem é perfeição") e atesta, com ironia, o otimismo em relação ao rumo à vista para o país: o que virá não pode ser pior.

Vamos comemorar como idiotas
A cada fevereiro e feriado
Todos os mortos nas estradas
E os mortos por falta de hospitais
[...]
Nosso pequeno universo

Toda hipocrisia e toda a indiferença
Vamos celebrar epidemias:
É a festa da torcida campeã.
"Perfeição", Renato Russo

"Perfeição" é tão incômoda que quase não entrou no disco. "A letra de 'Perfeição' não é tão simples quanto a de 'Que país é este': são 68 versos que não se repetem, divididos em cinco partes, contra apenas 18 da outra canção. A melodia tampouco é direta como a do pronunciamento punk de 1978. Sinal das mudanças na cabeça dos membros da Legião Urbana em 15 anos", avaliou Arthur Dapieve. Numa coluna no jornal *O Globo* em 2006, ele descrevia a batida como marcial e "crescentemente cortada por teclados sentimentais, até a esperançosa parte final, na qual a melodia se aquece num samba-exaltação". Para ele, o cantor quis lembrar aos brasileiros que não haveria diferença entre eles e o Brasil. Para provar que aquele disco focava na perda e despedida, Renato resumiu "Perfeição" assim: "Agora a gente pode celebrar, mas tudo acabou, tá tudo morto, enterrado e pronto!"

Em 1994, um ano após lançar *O descobrimento do Brasil*, Renato citou para a revista *Interview* um verso da faixa "Do espírito" ("E a ignorância é vizinha da maldade") ao falar de um país escandalizado pela corrupção no Executivo e no Legislativo (o Judiciário passava incólume até então): "Olha, a ignorância é vizinha da maldade. Isso é batata. Mas essa que está acontecendo no Brasil eu acho que talvez seja o último estágio antes... Essa turma está indo embora. Isso vem desde o descobrimento do Brasil. Pra cá veio ladrão, louco, preso político, entendeu? Essa corja está aí até hoje. O povo, mesmo, está todo mundo ciente disso." Declarações como essa ilustram com clareza o patriotismo do autor de "Que país é este", mas sua manifestação mais taxativa talvez seja uma resposta no Perfil do Consumidor, antiga seção semanal do *Jornal do Brasil*. Ao responder qual seria o seu motivo de orgulho, ele foi sucinto: ser brasileiro.

> Roubaram meu ouro
> Roubaram meu sangue
>
> "Despertar dos mortos", Renato Russo

Registros (quase) inéditos

O Capital Inicial, que dividira com a Legião o espólio do Aborto Elétrico, saiu do estúdio em 2005 com um daqueles discos-tributo que ora valorizam o intérprete e o homenageado, ora não servem a uma coisa nem outra. Bom exemplo do primeiro caso, o CD/DVD MTV *Especial: Aborto Elétrico*, só com repertório da primeira banda de seu baterista Fê Lemos e de Renato, traz 18 faixas letradas pelo vocalista, um dos pioneiros do punk no país. Duas delas, "Despertar dos mortos" e "Anúncio de refrigerante", exprimem o patriotismo nada enrustido que marcaria os primeiros discos da Legião.

Na amarga "Despertar dos mortos", a ordem e o progresso eternizados na bandeira não dão as caras. A desordem e o regresso saturam tanto quanto as anacrônicas intrigas entre quem é de esquerda ou direita. A televisão é a fuga dos ricos; a religião, a dos pobres, e "golpe de Estado é revolução" (um desabafo sarcástico sobre a história oficial contada até então).

> Desordem e regresso eu não aguento mais
> A guerra acabou mas nós não temos paz
> É sempre a gente que sofre mais
> Você de esquerda, você de direita
> São todos uns babacas e velhos demais
> Vivendo intrigas de tempos atrás
> Acabem com a merda e nos deixem em paz
> Verde e amarelo, verde e amarelo, verde e amarelo
>
> "Despertar dos mortos", Renato Russo

As cores-símbolo da identidade nacional são entoadas em ritmo marcial — as estrofes acabam com "verde e amarelo" bisadas três vezes, cada — e o eu lírico alerta que, roubados o verde (matas) e o amarelo (ouro), zele-se pelo azul (céu) e o branco (paz). Nessa pilhagem pretérita e futura, os mortos ameaçam despertar, talvez para se vingar.

A indignação também dá o tom de "Anúncio de refrigerante", outra letra gravada pela primeira vez no disco de 2005. A canção retrata uma juventude "sem ter o que fazer", sem "dinheiro nem prum guaraná" e com disposição para brigar. Pobres e ladrões fazem parte desse cenário e, como em "Veraneio vascaína", policiais inspiram medo, sem o alto-astral das propagandas de televisão. "Passar as tardes no Conjunto Nacional/ Contando os pobres, e os ecos e os ladrões/ Com muita coisa na cabeça, mas, no bolso, nada/ Sempre com medo dos PMS", descreve a letra, que conclui que a vida de seu grupo não se compara aos anúncios de refrigerante.

> **Sujeira quando a sua turma é menor de idade**
> **Não podem ir pro mesmo lado que você**
> **E a vida que a gente leva, não é nada igual**
> **Aos anúncios de refrigerante**
> "Anúncio de refrigerante", Renato Russo

Os pobres da letra original foram eliminados na versão levada à censura: "Não vou de tarde pro Conjunto Nacional/ Ficar brincando à procura de ladrões". Toda a letra foi liberada sem cortes, mas tardou a perder o ineditismo — outra versão, uma voz e violão caseira do autor, entrou no disco póstumo "O trovador solitário", lançado em 2008 pela pequena gravadora Coqueiro Verde.

Das letras de Cazuza na voz de outros intérpretes, "Nem tudo é verdade", gravada em 1988 por Supla, autor da melodia, é uma galhofa sem brilho sobre a vida no Brasil, com sua bagunça e "motos, mortes e postes". A primeira estrofe faz um jogo de palavras com "nada é verde, tudo é verdade" e vice-versa. Outros versos se referem ao cuspe na bandeira em meados daquele ano. Falta à letra o apuro que Cazuza dedicou ao que gravou, vide a menção a não olhar para o lado nem para ver o "back side".

> **O bicho, o luxo, o lixo**
> **Eu e meus amigos cagamos pra isso**
> **Cuspimos na bandeira, no pau do cu de Deus**
> **Então pichem os muros**
> **Os bancos e museus, e no ar arisco**
> "Nem tudo é verdade", Cazuza

Também cantada pelo autor da melodia, "Sonho estranho", de Cazuza com Nico Rezende, revela o amor à pátria na cena onírica de crioulos brasileiros nas ruas com carros grandes e sambando. Nesse eldorado, a favela lembra o casario colorido do bairro lisboeta de Alfama, o presidente é "mulato e macumbeiro" e o país é admirável. Quem lhe dera aquela imagem sonhada ser realidade.

> **Eu tive um sonho bom**
> **E acordei cantando**
> **Mãe gentil nos acolha**
> **Eu tive um sonho de nada**
> **E acordei cheio de raiva**
>
> **Tinham também os loiros**
> **Todos sabem que eles são**
> **Um povo bonito**
> **Tinham índios e os japoneses**
> **Plantando legal sua comida**
> **Na janela do avião**
> **Um país verde e bonito**
> **Com o povo em seus abrigos**
> **De luz, gás e TV**
> "Sonho estranho", Cazuza

Se o patriotismo aparece numa vasta gama de nuances na população, as obras de Cazuza e de Renato Russo incorporam alguns de seus matizes críticos, que não esmoreciam diante de infortúnios como os escândalos de corrupção e a queda brutal do poder de compra depois do Plano Collor. Em algumas letras, eles não apenas exprimiram seu patriotismo, mas fizeram um apelo a favor dele, como em "Brasil", "Metal contra as nuvens", "Perfeição" e "Despertar dos mortos". Em outras, oscilaram entre a exaltação ("O Brasil vai ensinar o mundo" e "O descobrimento do Brasil") e a indignação ("Que país é este", "O teatro dos vampiros" e "Anúncio de refrigerante"). Ora carregadas de otimismo, ora dando a entender que não há saída para os problemas nacionais, suas letras com tons patrióticos não são muitas, mas ilustram percepções correntes sobre a sociedade e a política entre nós.

Cazuza e Renato exprimiram, com maior ou menor consciência, um amor à pátria — suas instituições, representantes e símbolos —, e não um nacionalismo, no qual se frisa a identidade nacional e a defesa na cultura, língua, história, religião etc. Mesmo não sendo partidários de um nacionalismo — até pela noção de interesse nacional ainda mais controversa naqueles tempos —, eles contribuíram para a construção de nossa identidade de nação. Leia-se "nação" aqui como o grupo de pessoas que o cientista político Benedict Anderson chamou de "comunidade imaginada": limitada num território, tem soberania, seus integrantes não se conhecem um a um, mas todos compartilham a mesma imagem sobre ela. Suas obras, como as de outros artistas, deram subsídio à formação dessa imagem comum.

Se nos anos 1970 os brasileiros foram alvo da propaganda do governo Médici com seu slogan "Brasil, ame-o ou deixe-o" — com a escolha entre aceitar o arbítrio ou se exilar —, na década seguinte, Cazuza e Renato gravaram letras com uma espécie de lema implícito: "Brasil, ame-o e critique-o." A inquietação não se resumia às expressões de patriotismo ou de aversão ao autoritarismo, abrangendo questões como as convicções ideológicas, desigualdades e orientações sexuais. Nada mais natural para dois artistas tão inquietos em tempos férteis ao questionamento.

4. IDEOLOGIA:
OSCILAÇÃO DA ESPERANÇA AO DESENCANTO

Meus heróis morreram de overdose/ Meus inimigos estão no poder/ Ideologia/ Eu quero uma pra viver

"Ideologia", Cazuza

Cazuza viveu um ano de 1988 intenso graças à energia obtida com doses de um novo remédio, o AZT. Nos dois primeiros meses, gravou o disco *Ideologia*, lançado quando completou 30 anos, em abril. Andava decepcionado com a falta de mudanças no país. "Fiquei dois meses e meio fora e quando voltei constatei que nada mudou no Brasil. A minha visão sobre política é muito simples. As únicas pessoas capazes de mudar o país são aquelas que trabalham na terra, que vêm de outros estados para o centro-sul", comentou para *O Globo* entre as gravações, citando que lia jornais brasileiros em Boston, quando se tratava. "Não pertenço a nenhum partido, voto no PT porque sou PV. A primeira vez que emocionei com política foi na campanha do Fernando Gabeira [candidato a governador em 1986], em que encontrei pessoas parecidas comigo e que pensam igual a mim."

Aquela frustração era derivada da expectativa de mudança evidente nas eleições de 1982, quando rivais do regime militar disputaram o governo dos estados. No Rio de Janeiro, Leonel Brizola foi eleito com mais de 3 milhões de votos, inclusive o de Cazuza: "Acho Brizola uma experiência fantástica, totalmente rock'n'roll. Ele dá uma segurança pra gente, tem uma filha que é mais louca do que todo mundo que está aqui, ele é um cara socialista, um cara Mitterrand [presidente francês, 1981-1995], me sinto muito feliz de viver nessa cidade que elegeu o PDT, que foi execrado no Brasil inteiro. Aqui vai nascer uma coisa nova que é rock'n'roll, uma coisa alternativa. O PDT é igual àquele sanduíche alternativo que se vende na praia." Aquelas eleições para governador significavam ainda mais porque os eleitores tinham perdido o hábito de ir às urnas.

"Quando fui votar, não sabia direito como fazer... votei no Brizola, porque representa a esperança", comentou em 1984. "Aliás, sou da geração do AI-5, que nunca soube de nada, mas a gente sempre quis votar. Eu levo fé que a gente vai ter representatividade. Vou votar num deputado e poder cobrar posições."

Com ícones como o martelo e a foice comunistas e uma suástica numa estrela de davi, a capa de *Ideologia* ilustrava o desassossego de Cazuza com a indefinição dos ideais no fim dos anos 1980. "Antigamente, era mais fácil você ser de esquerda ou de direita, ser careta ou ser doidão, as coisas eram mais definidas. Hoje é a indefinição total", lamentou em entrevista ao *Jornal do Brasil*, vindo a citar o ex-governador que se candidataria a presidente em 1989. "O Brizola é de esquerda mas conchava com a direita, o outro é de direita mas vota com a esquerda, os papéis ficaram muito frágeis, as fronteiras, muito frouxas."

Nessa desordem, Cazuza atribuía o pedido da faixa-título, "Ideologia", à saudade dos anos de ideias e ideais em alta. O início explicita a desesperança, com coração partido e sonhos "vendidos tão barato que eu nem acredito". E o lema "Ideologia/ Eu quero uma pra viver" resumia o estado de espírito do brasileiro, segundo o jornalista Artur Xexéo, para quem as letras do compositor poderiam estar nas autobiografias dos ouvintes. A percepção de que o prazer "agora é risco de vida" dizia muito a todos desde a chegada da aids.

Meu partido
É um coração partido
E as ilusões estão todas perdidas
Os meus sonhos foram todos vendidos
Tão barato que eu nem acredito
Eu nem acredito
Que aquele garoto que ia mudar o mundo
(Mudar o mundo)
Frequenta agora as festas do "Grand Monde"
"Ideologia", Cazuza

"Ideologia" é, nas palavras de seu letrista, "meio amarga porque a gente achava que ia mudar o mundo mesmo e o Brasil está igual, a sociedade está igual, bateu uma enorme frustração", como definiu à *IstoÉ*. O pessimismo vinha de alguém que lamentava que os amigos de juventude não tinham levado seus projetos adiante, optando por trabalhar com os pais, em empregos de que não gostavam. Ele se via numa geração sem ideologia, compactada após a de 1960, mais unida por não poder dizer tudo na ditadura, o que descreveu para *O Globo*: "Nos anos 60, as pessoas se uniam pela ideologia: 'Eu sou de esquerda, você é de esquerda? Então a gente é amigo.' A minha geração se uniu pela droga: ele é careta e ele é doidão. Droga não é ideologia, é uma opção pessoal. A garotada teve a sorte de pegar a coisa pronta e aí pode decidir o que fazer pelo país, embora, do jeito que o Brasil está, haja muita desesperança." O tal "garoto que ia mudar o mundo" parecia ter encontrado razões para ficar sobre o muro.

Mas qual era, afinal, a ideologia de Cazuza? Em uma palavra, a mudança. "Nada de partido político. É a coisa de mudar o Brasil, em qualquer dimensão", disse à *IstoÉ* no fim de 1988. "Não tenho partido, sério. Mas estou com as pessoas que podem mudar alguma coisa, dou a maior força. Sou socialista por vocação, por natureza, por amor mesmo, porque acho que o socialismo está no meio, está entre o comunismo ditatorial e o capitalismo selvagem, está num ponto onde a iniciativa privada pode dar alguma coisa também. Voto no PT, no PV, votaria num cara forte de esquerda, até no Brizola, numa eleição maior, porque a minha ideologia é a de votar na esquerda sempre, a de estar reclamando sempre, para ajudar a mudar. Essa é a minha ideologia política. Agora, a minha ideologia de vida é simplesmente viver mesmo, cantar, se a gente já viver com a cabeça boa, está genial." (Numa poesia nunca gravada, "Xuxu vermelho", se definiria como "Apenas uma criança da classe média/ Que vê televisão/ E acredita que tudo pode mudar/ No próximo verão".)

> **Estou cansado de ouvir falar**
> **Em Freud, Jung, Engels, Marx**
> **Intrigas intelectuais**
> **Rodando em mesa de bar**
> "Conexão amazônica", Renato Russo

Sem tempo a perder

Se Cazuza lamentava que, na falta de uma ideologia, sua geração se unira pelas drogas, Renato Russo cantara anos antes que a juventude não acharia o caminho na droga, que ele mesmo consumiu em diferentes fases da vida. "Conexão amazônica", letra do Aborto Elétrico de 1980, criticava tanto o consumo das drogas quanto os debates intelectuais inférteis, igualmente entorpecentes. Entre uns "yeah" e outros, ia ao ponto, alertando que "alimento pra cabeça nunca vai matar a fome de ninguém" e que a busca do autoexílio é enganosa por nada mais ser do que manter um coração solitário.

> **E você quer ficar maluco sem dinheiro e acha que está tudo bem**
> **Mas alimento pra cabeça nunca vai matar a fome de ninguém**
> **Uma peregrinação involuntária talvez fosse solução**
> **Autoexílio nada mais é do que ter seu coração na solidão**
> "Conexão amazônica", Renato Russo

No encarte de *Que país é este 1978/1987*, Renato comentou que essa música — cuja radiodifusão foi censurada por abordar o tráfico de drogas — continuava atual sete anos após escrevê-la: "Lembrando que discutir Freud e Jung em mesas de bar acontecia de verdade naqueles tempos (pelo menos em Brasília) e que o tema da música está hoje em todos os jornais e, pasmem, até nas novelas! [...] Bem, alimento para cabeça *nunca* vai matar a fome de ninguém, *mesmo*." Ele ainda esclarecia que a maioria das letras fora escrita num tempo em que não se falava livremente de vários temas: "Nosso país iria crescer e mudar para melhor e todos acreditaram.

Até aí morreu o Neves (trocadilho imperdoável, mas necessário) e cantar que 'temos todo o tempo do mundo', porque 'somos tão jovens' lembra um tempo distante, um tempo perdido mesmo."

"Temos todo o tempo do mundo" e "somos tão jovens" são afirmações de "Tempo perdido", sucesso de *Dois* (1986). O otimismo, embora soasse deslocado no olhar *a posteriori* do letrista, é a essência dessa ode à juventude, com um convite para se usar a capacidade de gerar mudanças. Apesar de não ser explicitado, o lema *carpe diem* ("aproveite o dia" em latim) é pregado pelo líder da Legião. Tal leitura é compartilhada pelas pesquisadoras Angélica Castilho e Erica Schlude, que no livro *Depois do fim* notam um "ar de fatalidade na letra, o eu prega que se deve aproveitar o tempo agora". A música tem um clipe que acompanha essa celebração da juventude, com rostos de ícones da música pop antes do estrelato, como John Lennon, Janis Joplin e Pete Townshend. Ao fim de "Tempo perdido", quase sempre cantado com fúria pelos intérpretes, o tempo não se perdeu:

> **O que foi escondido é o que se escondeu**
> **E o que foi prometido,**
> **ninguém prometeu**
> **Nem foi tempo perdido;**
> **Somos tão jovens**
> "Tempo perdido", Renato Russo

Outra canção de apelo jovem, "Química" ataca a sociedade consumista, listando anseios materiais como o carro do ano e as férias na Europa. Gravada em 1983 pelos Paralamas do Sucesso e em 1987 pela Legião, a letra aponta o vestibular como passaporte para o oásis do consumo, goste-se ou não de química:

> **Ter carro do ano, TV a cores, pagar imposto, ter pistolão**
> **Ter filho na escola, férias na Europa, conta bancária,**
>   **comprar feijão**

Ser responsável, cristão convicto, cidadão modelo, burguês padrão
"Química", Renato Russo

Como disseram as autoras de *Depois do fim*, questiona-se a validade do saber universitário como condição fundamental na vida e da universidade como um lugar de reprodução de modelos sociais que tornariam essa vida inautêntica e superficial. Prefiro só dizer que a letra alvejava tanto a química cobrada no vestibular quanto a vida depois dele. Na definição sucinta de Renato no encarte de 1987, é "grito de guerra dos vestibulandos".

Primeira letra de Renato a ser gravada, "Química" era um exemplo do que muitos chamariam de "música de protesto", rótulo dado a obras de gerações anteriores. Como um artista que estudara — e não apenas apreciara — o pop e o rock anglófonos, o cantor se mostrava reticente com leituras levianas do discurso punk, de só afirmar por negativas ou de só exprimir descaso geral, como insinuava o título "And I don't Care", dos Sex Pistols. Para Renato, o vocalista do quarteto inglês, Johnny Rotten, seria a pessoa que mais se importava, daí os berros. "Isso eu sei porque a Legião Urbana usou o mesmo discurso punk no início", avaliaria o cantor em 1989. "Uma coisa totalmente niilista, destrutiva e anarquista, mas que no fundo estava falando que queria paz e harmonia no mundo. Aconteceu que, na nossa cabeça, as pessoas dos 60 tinham falado disso da maneira mais clara possível, através de flores e de amor. Não deu certo, então vamos falar de outra maneira, mais dura."

Te chamam de ladrão, de bicha, maconheiro
Transformam o país inteiro num puteiro
Pois assim se ganha mais dinheiro
"O tempo não para", Cazuza

Fim de uma trilogia

O desencanto com o país aparece tanto no LP *Que país é este 1978/1987* (1987) como em uma letra de Cazuza do ano seguinte: "O tempo não para", do álbum homônimo gravado na turnê de *Ideologia*. O autor da melodia, Arnaldo Brandão, líder do Hanói Hanói, primeiro a gravar a letra, lembrou que Cazuza quis escrever versos no estilo de Bob Dylan para casar com a melodia. "Cerca de duas semanas depois, recebi um telefonema de Ezequiel Neves, emocionado", contou Brandão, citado na coletânea de letras *Preciso dizer que te amo* e se referindo ao produtor do Barão e de Cazuza. "Me contou que a letra estava pronta e que era uma das mais fortes da obra de Cazuza." As estrofes são tão pungentes que seu alcance se estendeu aos argentinos: a banda Bersuit Vergarabat gravaria "El tiempo no para" em 1992.

O fim da primeira estrofe, que fala de um cara cansado de correr sem pódio de chegada, fora esboçada em "Carreirinha", poesia de 1979, nunca musicada: "Exausto/ De correr sabendo/ Que não tem ponto de chegada/ Nem beijo de namorada." O clássico que deu nome ao disco esbanja imagens impactantes, como a do sobrevivente sem um arranhão "da caridade de quem me detesta", e com a noção de que nos tornamos brasileiros ao escolher entre matar ou morrer nas noites de calor. O autor situa a letra como desfecho de uma trilogia, valorosa pelo modo de expor uma realidade nada valorosa: "Considero 'Ideologia', 'Brasil' e 'O tempo não para' uma trilogia de Sarney ao PT no poder. É uma trilogia de esperança."

> **A tua piscina tá cheia de ratos**
> **Tuas ideias não correspondem aos fatos**
> **O tempo não para**
> "O tempo não para", Cazuza

"Nunca tive medo de falar quando eu estava de baixo astral", afirmou Cazuza em 1989, citado por Lucinha Araújo em *Cazuza: Só as mães são felizes*. "Acho que a gente não pode ficar 'tudo bem' o tempo todo: o mundo é ruim, as pessoas são ruins, o mal sempre vence, então tem esse lado forte. Mas agora estou numas da corrente do bem. Tô nessa e acho genial. Tudo bem: o mal tá lá, as pessoas ruins estão lá, mas não vão me atrapalhar mais. Não vou mais sofrer por causa delas." O cantor Ney Matogrosso, que dirigiu o show *Ideologia*, viu "O tempo não para" como uma "síntese de um pensamento muito importante para aquele momento que a gente vivia no Brasil".

Aqueles versos estavam afinados com as denúncias contra o governo Sarney. A Comissão Parlamentar de Inquérito (CPI) da Corrupção, em funcionamento em 1988 no Senado — a tal da sujeira pra todo lado —, apurou graves desvios de recursos para os municípios e pediu processo por crime de responsabilidade contra três ministros e o presidente, além de seu impeachment. O pedido foi arquivado pelo presidente interino da Câmara dos Deputados, Inocêncio Oliveira. Outro triste abuso foi o da distribuição de concessões de rádio e televisão a políticos em troca de apoio ao governo.

A burguesia fede
A burguesia quer ficar rica
Enquanto houver burguesia
Não vai haver poesia
"Burguesia", Cazuza

Parábola do bom burguês

Foi com otimismo e a saúde abalada que Cazuza planejou o álbum duplo *Burguesia* (1989), com músicas "muito felizes, muito para cima, cheias de luzes". Ele estava tão mal que precisou gravar sentado, e até deitado. A faixa-título fazia ataques pueris à burguesia, como "a burguesia fede", "não tem charme nem é discreta", "tá acabando com a Barra" e "só olha para si". Esse tom persistia no verso autocrítico "Eu também cheiro mal". Embora não fosse uma criação tão inspirada do autor, fez algum sucesso.

> As pessoas vão ver que estão sendo roubadas
> Vai haver uma revolução
> Ao contrário da de 64
> O Brasil é medroso
> Vamos pegar o dinheiro roubado da burguesia
> Vamos pra rua
> Pra rua, pra rua
>
> "Burguesia", Cazuza

De modo frívolo, Cazuza defendia uma revolução distinta da de 1964, uma luta de classes em dia com o ideário que viria a estremecer com o Muro de Berlim. Sua proposta era trancar a burguesia para trabalhar à força numa fazenda. O letrista renegava sua classe com panfletarismo — ele seria burguês, mas, sobretudo, artista — até ressalvar que, assim como o burguês que larga o país "com uma pasta de dólares" (como o vilão da novela *Vale tudo*, ao som de "Brasil"), há o "bom burguês", que se interessa pelo povo e é como o operário e o "médico que cobra menos pra quem não tem."

> Porcos num chiqueiro
> São mais dignos que um burguês
> Mas também existe o bom burguês
> Que vive do seu trabalho honestamente
> Mas este quer construir um país
> E não abandoná-lo com uma pasta de dólares
> O bom burguês é como o operário
> É o médico que cobra menos pra quem não tem
> E se interessa- por seu povo
> Em seres humanos vivendo como bichos
> Tentando te enforcar na janela do carro
> No sinal, no sinal
> No sinal, no sinal
>
> "Burguesia", Cazuza

A crítica à burguesia partia de um neto de dono de engenho que se definira como um socialista por vocação, por natureza. Quando a guerra fria ainda cindia o mundo entre capitalistas e socialistas, Cazuza defendeu o socialismo ao ser perguntado no suplemento Ipanema de *O Globo*, sobre qual seria o caminho revolucionário: "O socialismo é o único rumo para melhorar um país subdesenvolvido. O comunismo é ditatorial, mas o socialismo permite rever todos os valores, redistribuir a renda, fazer a reforma agrária, coisas que deveriam ter sido feitas cem anos atrás. As mudanças não foram introduzidas porque as oligarquias, que sempre dominaram e dominam o Brasil, não deixam."

A veia irônica de "Burguesia" reapareceu em "Manhatã", sobre um brasileiro que desembarca deslumbrado em Nova York:

> **Agora eu vivo no dentista**
> **Como um bom capitalista**
> **Só tenho visto de turista**
> **Mas sou tratado como artista**
> **E até o garçom me chama de sir**
>
> "Manhatã", Cazuza

A grafia errada no título poderia sugerir uma preocupação maior do turista em falar da ilha do que em conhecê-la direito. Mas, segundo o autor, a letra apenas "brinca com a pronúncia brasileira do nome da localidade americana". "Cazuza fez a letra pensando nos brasileiros que vão para os Estados Unidos, nunca aprendem a falar o inglês fluentemente, mas que mantêm a pose por causa do charme de morar nos EUA, da aparência de viver no Primeiro Mundo", contou o autor da melodia, Leoni, citado em *Preciso dizer que te amo*, usando expressão que classificava países desenvolvidos e que caiu em desuso no século XXI.

O cantor era um dos que interpretavam como sintoma da baixa autoestima o desejo dos brasileiros radicados em Nova York de falar inglês "porque lá é capital do mundo". Ainda que se respeite sua opinião, vale perguntar: por que, afinal, valeria mais se fechar num gueto apenas de lusófonos em qualquer metrópole estrangeira?

> **Há tempos o encanto está ausente**
> **E há ferrugem nos sorrisos**
> **E só o acaso estende os braços**
> **A quem procura abrigo e proteção**
> "Há tempos", Renato Russo

Virtudes e sonhos perdidos

Também em 1989, a Legião inovou em *As quatro estações*, com referências à doutrina budista em "Quando o sol bater na janela do teu quarto", a uma carta de São Paulo aos coríntios e a um soneto de Camões em "Monte Castelo" (cenário de um triunfo brasileiro na 2ª Guerra Mundial, na Itália). A ideia do disco se entrelaçava com o estado de espírito da banda e do povo. "A gente queria fazer um disco que não trouxesse uma coisa negativa", disse Renato ao *Correio Braziliense*. "Que fosse um disco amigo, um alento, que tentasse trazer paz de espírito. E acho que conseguimos, porque algumas pessoas disseram que o disco veio em boa hora, algumas pessoas choraram. Essas questões devem ser colocadas, porque está todo mundo pensando nisso." As estações evocavam não um ciclo solar, mas humano: "A maior parte das pessoas que eu conheço fica no inverno, e eu acho ser esse o maior problema delas. Acho que o mais importante é a gente redescobrir as coisas", declarou Renato numa longa entrevista à *Bizz*.

Na opinião do líder da Legião, *As quatro estações* era um disco todo político, pois não haveria nada mais político para ele do que o espiritual. E o rock poderia ser de grande valia para os ouvintes. "Você pode pegar o rock como uma disciplina e crescer, conhecer o mundo, conhecer a si mesmo", defendeu na *IstoÉ* o cantor, para quem a religião andava desacreditada. "Acho que existe um lado de autoconhecimento que todo ser humano precisa, como a gente precisa de comida e água. É aquela bobagem 'quem sou eu, para onde vou, o que estou fazendo aqui?'." A preocupação com as futuras gerações casava com o novo status de pai — Giuliano nascera da relação fugaz com uma fã, segundo ele.

"Qualquer coisa, viro Blade Runner", disse à *Bizz*, citando o filme sobre um caçador de androides fugitivos. "Arrumo uma sala como essa, boto tudo o que eu preciso ali dentro e foda-se. Mas não dá, temos de pensar nas outras pessoas, principalmente nas que estão vindo agora. É a maior injustiça eles não terem o mundo que você teve. Do jeito que estão indo as coisas, um garoto de 2 anos hoje, quando estiver com 8, 9, 10... não vai mais ter."

Abrindo o álbum, "Há tempos" foi descrita pelo letrista como uma música sobre as questões que se passavam no Brasil. A estrofe inicial aborda a virtude perdida, o sonho esquecido e a tristeza que fica, e seu segundo verso ("muitos temores nascem do cansaço e da solidão") pertencia a um texto achado numa igreja europeia no século XVII, segundo Renato anotou no encarte do LP. Curioso, para ele, era relê-lo atribuído a um autor hindu. (Hoje, o mais curioso é ler a frase atribuída a quem a musicou. Aliás, o texto original, "Desiderata", foi encontrado em 1684 numa igreja de Baltimore, e não na Europa, conforme foi assinalado pelo músico.)

Parece cocaína mas é só tristeza, talvez tua cidade
Muitos temores nascem do cansaço e da solidão
E o descompasso e o desperdício herdeiros são
Agora da virtude que perdemos
"Há tempos", Renato Russo

O título remete a uma época em que ainda havia encanto e virtude. O hábito de sonhar já se perdeu e, enquanto "os sonhos vêm e os sonhos vão", o resto, a realidade, é imperfeito. Como houve quem lesse o verso "disciplina é liberdade" como fascista, Renato rebateu que ele se referia à autodisciplina, e não ao elogio de ter alguém disciplinado por outro.

A abordagem da política era distinta daquela do começo da banda. "Não queremos mais falar de política da maneira como falamos nos primeiros discos", observou Renato para *O Globo*. "A partir do momento em que fizemos músicas como 'Índios' e 'Tempo perdido', percebemos que poderíamos muito bem abordar a política sem ter que ser panfletários." Ele quis retratar seu tempo sem deixar de fazer letras atemporais e compreensíveis por todos. "Em 'Há tempos', por exemplo, 'Disseste que se tua voz tivesse força igual/ À imensa dor que sentes/ Teu grito acordaria/ Não só a tua casa/ Mas a vizinhança inteira', pode ser numa vizinhança hi-tech em Nagoia, Osaka, ou pode ser Vila Rica", explicou o autor, como registrou seu biógrafo Arthur Dapieve.

Enquanto Cazuza queria tirar o poder da burguesia, Renato defendia a retomada da fé, como na balada "Quando o sol bater na janela do teu quarto", escrita em fase de depressão, como narrou à revista *Amiga*: "Passei um período muito, muito preocupado. Acho que foi desde aquele lance com o Cazuza, aquela capa da *Veja* com ele [da polêmica manchete "Cazuza: uma vítima da Aids agoniza em praça pública"], misturado com essa estória diária de corrupção. Isto está sendo muito confuso para mim. Me deixa deprimido mesmo. A música fala justamente sobre isso. [...] Independente de todas essas coisas, ainda existe uma saída."

Daquele estado de nervos vieram versos como os de "Quando o sol bater na janela do teu quarto", cuja letra faz a apologia do instante presente, fértil a qualquer recomeço.

Por que esperar se podemos começar tudo de novo
Agora mesmo
A humanidade é desumana
Mas ainda temos chance
O sol nasce pra todos
Só não sabe quem não quer
"Quando o sol bater na janela do teu quarto", Renato Russo

Nesse contexto poético, a ideia de que o sol nasce para todos soa menos clichê e o mesmo vale para "Até bem pouco tempo atrás/ Poderíamos mudar o mundo". Já o trecho seguinte, sobre a origem da dor vir do desejo de não senti-la, foi devidamente creditado ao livro *A doutrina de Buda* num comentário no encarte.

"Até bem pouco tempo atrás, a gente realmente acreditava que poderia mudar alguma coisa", disse Renato às vésperas da eleição de 1989 para o jornal *A tarde*. "Depois percebemos que não ia dar mais para mudar, mas continuamos acreditando. E passou certo tempo — eu pelo menos senti isso — em que as pessoas aqui do Brasil, principalmente depois do Plano Cruzado, ficaram descrentes de tudo. Está assim atualmente: elas deixam as coisas irem sem convicção. Mesmo estas eleições presidenciais estão assim: todo mundo está querendo acreditar, mas ninguém acredita muito. Eu acho que, ao invés da gente esquecer os anos 60, como rolou nos 70 e, principalmente, nos 80, você pode pegar os ingredientes que geraram aquele espírito e adaptá-los à prática de hoje em dia."

Perguntado sobre o motivo da apatia da juventude, Renato Russo lamentou que o movimento das esquerdas não tivesse achado sua saída. "O povo está sem educação, sem alimentação e a estrutura política está totalmente sem base ética, então fica muito difícil. Não tem modelo, nem referencial, nem mentores que indiquem o caminho", criticou ele para o jornal catarinense *O Estado*, então desapontado com o rótulo "sem caráter" que o poeta Ferreira Gullar dera à sua geração — comparação que me soa mais fruto de uma idealização da geração dos anos 1960. "O máximo que você pode fazer é tentar se interiorizar, buscar algo mais tribal, de sobrevivência mesmo, tanto a nível psíquico-emocional como intelectual, informativo, social, político, sexual, tudo. A questão sexual tem a aids. E a aids coloca toda e qualquer ação humana sob outro prisma."

A inquietação de Renato é, em outros termos, a mesma já musicada por Cazuza: a falta de uma ideologia para viver. O autor de "Brasil" declarou à *IstoÉ* em 1988 — como se viu anteriormente — que escolheu como ideologia "a de votar na esquerda sempre, a de estar reclamando sempre, para ajudar a mudar" e, como ideologia de vida, "simplesmente viver mesmo, cantar, se a gente viver com a cabeça boa, está genial". Para Renato, essa carência seria suprível pelo autoconhecimento por meio da interiorização.

Quando se pergunta a alguém sobre seu futuro e o do país, quem responde (em pesquisas de opinião, por exemplo) sempre traduz a questão num código mais pessoal do que político. Essa tradução pessoal, vista em vários fatos relevantes — as Diretas Já, as eleições de Tancredo e de 1989, a Constituinte —, é nítida em letras e declarações de Cazuza e Renato. Daí a consonância entre suas obras e uma hipótese dada para a tradução mais íntima de fatos políticos feita por brasileiros ouvidos pelo Ibope no fim daquela década: "Isso talvez possa ser entendido como um efeito da crise econômica prolongada, levando grande número de pessoas a depositarem no sistema político as esperanças de uma melhoria imediata nas suas condições de vida", sugeriram os cientistas políticos Bolívar Lamounier e Alexandre Marques no livro *Ouvindo o Brasil*, organizado por Lamounier.

Enquanto as rádios começavam a tocar mais "O tempo não para" do que "Que país é este", uma pesquisa do Ibope com 2.750 brasileiros, em abril de 1989, detectou que 46% julgavam a situação do país melhor no regime militar do que na dita Nova República, preferida por 17% (para 28%, tanto fazia). O período militar foi mais bem avaliado em relação à economia, à inflação, à dívida externa e à corrupção — a Nova República só se saíra melhor nas liberdades política e de expressão. A oscilação entre esperança e desencanto, tônica de tantas letras de Cazuza e Renato Russo, marcava a população. Estudiosos da cultura política no Brasil associaram certa apatia política à decepção com os governos Sarney e Collor após o surto de civismo das Diretas Já. Os dois artistas acabaram cantando essa conjuntura e aquela sensação de apatia.

Numa década de claros embates de ideários como a de 1980, Cazuza e Renato Russo trataram com naturalidade a ideologia

— no sentido corrente de "convicção", e não no problematizado por autores como Marx. Ambos se dividiram entre o otimismo e o pessimismo; Cazuza conjugou acidez e frivolidade nas letras e Renato ora elogiou a juventude e a fé, ora questionou fórmulas alheias ou a perda da virtude e da capacidade de sonhar.

Na carreira solo, o ex-vocalista do Barão Vermelho cobrou uma ideologia na faixa-título do LP de 1988, foi corrosivo no desencanto com o país ("O tempo não para"), ingênuo ao comentar sobre burgueses e um deslumbrado em Nova York ("Burguesia" e "Manhatã"). Crítico ao uso de drogas e aos debates intelectuais inférteis em "Conexão amazônica", Renato cantou a esperança de fazer valer a juventude ("Tempo perdido"), mesmo em atrito com fórmulas alheias ("Química") e diante da perda da virtude e do sonho ("Há tempos"). Na doutrina budista, viu uma possível saída para retomar a fé ("Quando o sol..."). Suas letras formam, por seu conjunto, um painel que reflete a multiplicidade de ideologias à época.

5. DESIGUALDADES:
RENDA CONCENTRADA E OUTRAS DISPARIDADES

> E a matilha de crianças sujas no meio da rua –/
> Música urbana
>
> "Música urbana 2", Renato Russo

Na transição da década de 1970 para a de 1980, Renato Russo aprimorava seu discurso de crítica social no Aborto Elétrico, como na contestação punk de "Veraneio vascaína" e na épica "Faroeste caboclo". Letras como estas eram explosivos lançados por Renato contra o que ele (e não só ele) julgava estar mais errado à sua volta. Seus versos eram de alguém que criticou tanto os problemas coletivos como o rótulo de alienada atribuído à juventude.

Difícil de ser classificado, como quase todo artista prolífico, Renato era, de fato, um intérprete. Não apenas no sentido de cantor, mas no de comentarista. Como poucos, ele abordou um amplo arco de temas entre o amor e a política e que incluía as desigualdades sociais duradouras no Brasil. O cantor exprimia uma "rebeldia politizada, de preocupações sociais de inspiração esquerdista menos agressiva", como notou o sociólogo Júlio Naves Ribeiro em sua dissertação *De lugar nenhum a Bora Bora*.

Em "Música urbana 2", de *Dois* (1986), cenas da vida noturna na cidade, com suas mazelas sociais, são recitadas devagar como num transe de Renato ao violão, sem companhia de mais instrumentos. Pobreza e violência surgem num meio caótico, onde crianças de rua chegam a ser animalizadas ("E a matilha de crianças sujas no meio da rua"). É uma extensa ladainha de queixas de monotonia e tédio, na qual a música urbana aparece vomitada por policiais, repetida por estudantes e buscada por viciados.

> **Os PMs armados e as tropas de choque vomitam música urbana**
> **E nas escolas as crianças aprendem a repetir a música urbana**
> **Nos bares os viciados sempre tentam conseguir a música urbana**
> "Música urbana 2", Renato Russo

A primeira "Música urbana", criada no Aborto Elétrico e gravada em 1986 pelo Capital Inicial, tinha essa toada do tédio, mas criticava mais a poluição em Brasília, onde "as ruas têm cheiro de gasolina e óleo diesel". Outras letras do trio herdadas pelo Capital traziam críticas sociais: "Fátima" — letra escrita por Renato em poucos minutos, segundo Fê Lemos — atacava homens que "esperam uma intervenção divina" sem merecer, e "Ficção científica" cobrava uma revolução e via "muita fome" aqui e nas estrelas.

Vendo seus amigos como punks "de butique" ou "de fim de semana", segundo disse a Zeca Camargo na MTV, Renato se incomodava com discriminações às minorias, como mostra a venda da alma dos índios no leilão de "Que país é este" e a crítica ao sexismo em "A dança" (*Legião Urbana*, 1985):

> **Tratando as meninas**
> **Como se fossem lixo**
> **Ou então espécie rara**
> **Só a você pertence**
> "A dança", Renato Russo

Na abertura, ele se afastava de um *éthos* de dominador masculino, declarando não saber o que é direito por só ver preconceito. A diferença por gênero pode gerar desigualdades a depender da percepção social dos papéis de homens e mulheres — e um alvo de "A dança" é justamente a visão sexista de certos jovens em relação às mulheres. Ao relatar meninas tratadas como lixo ou uma espécie rara, Renato demonstrava se inquietar com a discriminação às mulheres, o que valia igualmente para homossexuais.

> **Deve haver algum lugar**
> **Onde o mais forte**
> **Não consegue escravizar**
> **Quem não tem chance**
> "Fábrica", Renato Russo

"Quem não tem chance" e "o mais forte"

A crítica à distribuição desigual de recursos aparece em "Fábrica", de *Dois* (1986), comentário sobre a luta de classes entre patrões e empregados na voz de um destes. Além dos efeitos perversos no homem, a produção fabril impacta bastante no meio ambiente, como no citado céu cinza, outrora azul, ou no verde que não existe mais. Provocativa, a letra dirige perguntas a todos nós, como sobre a origem da indiferença "temperada a ferro e fogo" e sobre o guardião da fábrica. O universalismo do hit o levou a ser gravado em espanhol em 1995, pela banda punk argentina Attaque 77. Três anos depois, ela gravou a ode "Perfeição" por ter "tudo a ver com a situação atual da Argentina", como notou seu baterista em 2010 — tal versão não deixa de exemplificar a tão citada lição de Tolstói de que falar da aldeia é o melhor meio para soar universal.

O desencanto com o mundo e a crítica à exploração humana constam ainda nos 52 versos da faixa seguinte (e última) de *Dois*: "'Índios'", que o jornalista Arthur Dapieve diz ter sido criada como paródia a Xuxa em um "Clube da Criança Junkie" imaginário, mas que viraria um épico sobre a perda da inocência. As aspas do título podem ironizar que os índios somos todos nós, não se restringindo às etnias nativas de nosso território. Nove das 13 estrofes, que dão voz a um indígena, começam com um verso sintomático do descompasso entre o sonho e a realidade: "Quem me dera, ao menos uma vez". Entre os lamentos dessa letra cortante, está o de que é irrefreável o domínio de quem "quase sempre se convence que não tem o bastante" e de que é vã a crença numa vida melhor. Eis a sina de "quem não tem chance" em face do "mais forte", como na dicotomia exposta em "Fábrica".

> **Quem me dera, ao menos uma vez,**
> **Provar que quem tem mais do que precisa ter**
> **Quase sempre se convence que não tem o bastante**
> **E fala demais por não ter nada a dizer.**
> *"'Índios'", Renato Russo*

No disco *Que país é este 1978/1987*, "Mais do mesmo" traz o discurso de um jovem morador de morro que interpela outro bem-nascido, provavelmente atrás de drogas, e delimita diferenças raciais ("Ei, menino branco, o que é que você faz aqui") e de expectativas ("É mesmo, como vou crescer se nada cresce por aqui?"). A letra refletiria a "cidade partida", expressão popularizada pelo livro-reportagem homônimo de Zuenir Ventura, de 1994, e seu desfecho aborda certo contágio de percepções: pessoas "do asfalto", na imagem de Ventura, explicariam o estado de quem vem "do morro", que acolhe essas ideias de bom grado ("eu realmente não sabia que eu pensava assim").

> **Em vez de luz tem tiroteio no fim do túnel.**
> **Sempre mais do mesmo**
> **Não era isso que você queria ouvir?**
>
> **Bondade sua me explicar com tanta determinação**
> **Exatamente o que eu sinto, como penso e como sou**
> **Eu realmente não sabia que eu pensava assim**
> **E agora você quer um retrato do país**
> **Mas queimaram o filme**
> **E enquanto isso, na enfermaria**

**Todos os doentes estão cantando sucessos populares.
(e todos os índios foram mortos).**
"Mais do mesmo", Renato Russo

O "mais do mesmo" se refere às repetições de estereótipos e lugares-comuns, dos quais nos tornamos vítimas, e não só autores. A sequência de fatos sem novidades, como tiroteio no fim do túnel, se esgota num filme queimado do "retrato do país" com doentes cantando sucessos populares numa enfermaria e todos os índios mortos. Esses versos, os últimos do disco de 1987, pareciam ecoar a canção final do anterior *Dois*: "'Índios'".

Como milhões de brasileiros, Renato Russo se surpreendeu, em meio às tantas mesmices cotidianas, com o bloqueio de depósitos em 1990. "O Collor não dizia que era o Lula que ia mexer na poupança do povo? Eu, que tenho tudo, fiquei puto. Imagine quem passou a vida economizando!", lamentou para a *Bizz* naquele ano, acrescentando não se sentir culpado com a miséria. "Essa coisa dos privilegiados e dos miseráveis. Se são miseráveis não é por minha causa não. Eu já fui professor, sempre me esforcei, a gente sempre tentou dar uma luz para as pessoas."

Ao longo dos anos 1990, cairia a participação dos mais jovens no mercado de trabalho, o que especialistas como o economista André Urani atribuíram à maior atratividade da escola e seletividade de patrões quanto à escolaridade. O desemprego citado em 1991 em "O teatro dos vampiros" ("Vamos sair, mas não temos mais dinheiro/ Os meus amigos todos estão procurando emprego/ Voltamos a viver como há dez anos atrás") seria retomado em "Música de trabalho" (*A tempestade*, 1996), na qual a sensação de opressão social é atenuada por um emprego de "salário miserável". A desigualdade aparece na distância entre quem tem emprego ou não, como em "Sem trabalho eu não sou nada/ Não tenho dignidade/ Não sinto o meu valor/ Não tenho identidade".

**Não entendia como a vida funcionava –
Discriminação por causa da sua classe ou sua cor**

"Faroeste caboclo", Renato Russo

Sem disciplina nem virtude

O desânimo com o Brasil entre os membros da Legião Urbana já ficara claro na suspensão das gravações do terceiro disco, que se chamaria *Disciplina e virtude*. "No momento em que a gente entrou nos estúdios, depois que o Renato voltou de seu descanso em Brasília, a gente não conseguia falar de disciplina e muito menos de virtude no caos em que estávamos e que o país estava", desabafou o guitarrista Dado Villa-Lobos ao jornal *O Globo*. O caos no país veio do Plano Cruzado II, que no fim de 1986 chocou todos ao liberar os preços congelados pelo Cruzado I. Já o caos na banda dizia respeito à dificuldade de Renato para compor algo que ele mesmo aprovasse.

A ideia de gravar letras antigas agradou tanto ao cantor como à gravadora, que queria lançar um disco antes do Natal de 1987. Na biografia *Renato Russo: O trovador solitário*, Arthur Dapieve afirma que as vendas de 700 mil cópias de *Dois* deviam pressioná-lo: "Ele também estava se sentindo desconfortável no papel de novo porta-voz da juventude, ainda mais porque tinha perfeita consciência da responsabilidade social de um artista."

"Assim que a gente souber o que quer, a gente faz. Ainda não encontramos nenhum fio, do modo como o primeiro disco era porradão e o segundo, introspectivo", comentou Renato a Dapieve numa reportagem do *Jornal do Brasil* de setembro de 1987. "Temos a aura de ser porta-vozes da juventude? A gente não se acha os donos da verdade. Sou jovem de 20 e poucos anos, não sei nada da vida. E as pessoas bebem minhas palavras como água. E escrevo justamente porque não sei. Não quero que minha opinião sobre temas controvertidos, drogas, por exemplo, influencie outra pessoa. Não fico o tempo todo na TV porque não tenho nada a dizer."

Carro-chefe do disco de 1987, "Faroeste caboclo" desfila 157 versos com o drama de João de Santo Cristo, que se torna bandido por falta de opção. Composta em 1979, a enorme letra foi decorada por fãs e, apesar dos nove minutos, tocou nas rádios e fez sucesso numa versão sem os palavrões, vetados pela censura. A mira se voltava, entre outros alvos, para os atentados de militares da linha dura — João se negou a usar bombas para proteger "general de dez estrelas" — e para a banalização do acesso às armas e do crime.

> **Se embebedou e no meio da bebedeira**
> **descobriu que tinha outro**
> **Trabalhando em seu lugar**
> **Falou com Pablo que queria um parceiro**
> **E também tinha dinheiro e queria se armar**
> **Pablo trazia o contrabando da Bolívia**
> **e Santo Cristo revendia em Planaltina**
> "Faroeste caboclo", Renato Russo

A saga de João de Santo Cristo incluía o assassinato do pai por um soldado, o furto precoce da caixinha da igreja, uma passagem pelo reformatório e outra pela prisão (onde foi violentado), o cultivo e o tráfico de maconha, o casamento e o filho com Maria Lúcia e a morte televisionada num duelo com um traficante. A última estrofe encerra com um olhar cáustico a epopeia de um homem que buscou um rumo para gente como ele, mas que só encontrou um beco sem saída: ele é "santificado" popularmente e, pela televisão, se descobre seu intuito de "Falar pro presidente/ Pra ajudar toda essa gente/ Que só faz sofrer".

Toda essa trajetória foi escrita "em duas tardes sem mudar uma vírgula", como Renato contou ao também compositor Leoni. Em *Letra, música e outras conversas*, ele reconhecia "furos" na trama, como no triângulo amoroso de Santo Cristo, Maria Lúcia e Jeremias. "Por que Maria Lúcia fica com o Jeremias? Não dá pra entender! Você tem que bolar sua própria história. O máximo a que cheguei é que ela era uma viciadona, e o Jeremias era tão mau que disse: 'Se você não casar comigo vou matar o João'. Mas também não justifica", admitia o cantor. "E o Santo Cristo é um banana? A menina apaixonada por ele, e ele fica andando com o Pablo pra cima e pra baixo. Ele é gay? Tem uma porção de coisas na história que não batem, mas quando a gente ouve no rádio funciona muito bem. Uma que funciona muito melhor é 'Eduardo e Mônica'. Essa faz bastante sentido."

Morador de Brasília dos 13 aos 25 anos, Renato julgava que viver lá era a maior agressão a um jovem, "porque você vê todas aquelas coisas acontecendo no Planalto e no Congresso e não pode fazer nada", como declarou ao *Jornal do Brasil*. Elogiava sua beleza, a exemplo de João de Santo Cristo ("Meu Deus, mas que cidade linda"), mas não poupava críticas às desigualdades.

"O Plano Piloto vive numa ilha, isso é uma coisa muito negativa que devia estar sendo feita, uma coisa nesse sentido para dar força para o pessoal das [cidades] satélites, ainda mais que tem muita gente que trabalha no Plano Piloto e mora no Cruzeiro, mora em Taguatinga e dá uma força nesse sentido, exigir do pessoal que representa a cidade politicamente, que se faça alguma coisa para que tudo fique numa boa", disse o cantor ao *Correio Braziliense*. "Não é tão difícil você prever que possam surgir problemas num futuro próximo por causa desse disparate social que existe."

Naquele primeiro ano da Constituinte, o autor de "Faroeste caboclo" se revelava sem o ânimo de antes para falar de política, como em declaração citada na compilação *Renato Russo de A a Z*, organizada por Simone Assad: "Eu não gosto muito de falar de política, não. O máximo que posso fazer é pegar uma música no baú, uma música de dez anos atrás, e ficar cantando e reclamando. O que é que eu posso fazer? Virar político, deputado, para ser massacrado pelo rolo compressor do Centrão [grupo majoritário no Congresso]? Mas eu não entendo dessas coisas, eu não gosto de falar dessas coisas. A gente fala disso porque afeta a nossa vida pessoal diretamente. O que eu sei é que, de repente, o Bonfá chega para mim e diz que seu aluguel passou de 8 mil para 35 mil. O que eu sei é o que eu vejo na televisão, os caras se digladiando lá no Congresso Nacional como se fossem animais."

> As crianças brincam
> Com a violência
> Nesse cinema sem tela
> Que passa na cidade
>
> "Milagres", Cazuza

Antes dos milagres

Enquanto a crítica social perpassa toda a obra de Renato Russo, as letras de Cazuza inicialmente retratavam inquietações juvenis, como amor, solidão, boemia e transição à vida adulta. Sua primeira abordagem mais direta de questões sociais — a fome e a violência urbana, nesse caso — está em "Milagres", do terceiro disco do Barão Vermelho, *Maior abandonado* (1984). A letra desabafa contra esse "tempo mais vagabundo" e contra um mundo onde os milagres são necessários para se viver.

A indignação de Cazuza com as desigualdades, compartilhada por fãs e não fãs do Barão, foi cada vez mais incorporada às suas letras e entrevistas, como numa declaração destacada na coletânea de letras *Preciso dizer que te amo*, organizada por sua mãe em 2001. "Os versos desta música, que falam que 'a fome está em toda parte, mas a gente come levando a vida na arte', são cruelmente verdadeiros porque o garotinho chega no bar morto de fome, vendendo drops, e a gente está comendo um filé enorme." Ao cantar uma questão que lhe é dirigida pelos outros ("O que é que eu faço?"), Cazuza só oferece uma resposta interpretável como crítica ácida ou constatação resignada: "Milagres, milagres".

Duas poesias de 1978 — "Domingo" e "Simancol" — trazem à tona o olhar inquieto de um Cazuza de 20 anos sobre a vida de gente sem recursos, como porteiros, marceneiros e um caixa de supermercado. Nunca gravados, os versos constam em *Preciso dizer que te amo*. Em "Domingo", essas pessoas são passivas, pois "só emitem sons depois do gol":

> E o marceneiro da obra em frente
> continua marceneiro como sempre
> São todos súditos do meu inútil julgamento
> E continuam vivendo, indiferentes
> (Gol!)
>
> "Domingo", Cazuza

Já em "Simancol", o artista se identificaria com o caixa de supermercado, em vez de apenas julgá-lo:

> Eu sou uma pessoa comum
> Que sofre por coisas comuns
> Como qualquer caixa das Casas Sendas
> Que nunca pensou na morte
> E acredita um dia poder ser feliz
> Materialmente
>
> "Simancol", Cazuza

No disco de estreia *Barão Vermelho* (1982), a banda gravou "Billy Negão", sobre a marra de um bandido da Baixada Fluminense que transita no Leblon. Cazuza fez uma grande plástica na letra de Guto Goffi e Maurício Barros, descartando um "Billy the Kid" morador de Nova Orleans. Em vez de um "Billy João" indeciso sobre seu destino após a chegada de um rival, "Billy Negão" é um fugitivo da polícia que acaba preso numa viatura depois de uma rodada de bebida e de bater uma carteira:

> E o Billy 'sartô' fora
> Com a minha grana na mão
> Deixou na minha conta
> Um conhaque de alcatrão
> Pega ladrão, pega ladrão
>
> "Billy Negão", G. Goffi, M. Barros e Cazuza

A faixa-título do LP *Maior abandonado* (1984) caiu no gosto de uma geração qual anistia em lar de exilado político, sobretudo pelo refrão-chiclete com seu pedido de "Só um pouquinho/ De proteção/ Ao maior abandonado". Cazuza declarou, com irreverência, que aludia a um problema social. "O maior abandonado é a pessoa de maior que está solta no mundo, precisa da proteção do governo e não tem", disse. "É também aquele que está vivendo o trauma dos 18 anos. É quando você fica mais carente, porque sabe que está ficando mais velho e ainda não é muito safo." Eis um desafio mais individual do que coletivo.

Cazuza admirava, como já se mencionou, a abordagem de questões públicas por Renato Russo, cuja influência despontaria em sua carreira solo. "Ele está fazendo uma coisa que eu estava querendo fazer", foi o que pensou logo que a Legião surgiu, como contou a Marília Gabriela no programa *Cara a cara*. Ali, avaliou que seu trabalho cresceu a partir de sua "inveja criativa" por Renato. Cazuza decidira falar de sua geração e país por se espelhar em seu contemporâneo na cena musical. Sem "Que país é este", não teria existido "Brasil", que o líder da Legião chegou a reputar como "uma das maiores letras do nosso país"

Neste filme como extras
Todos querem se dar bem
"Um trem para as estrelas", Cazuza

Outras correntezas

O divisor de águas no repertório de Cazuza foi, segundo ele, "Um trem para as estrelas", parceria com Gilberto Gil que retrata a vida sacrificada dos mais pobres. Até então, ele não se sentia apto a abordar temas políticos ou para escrever no plural, por não se ver como alguém político ou por crer que só sabia falar de seu mundinho. "Por que não mostrar a minha visão, por mais ingênua que ela seja?", perguntou-se no *Jornal da Tarde*, em 1988.

Ele notou que, por mais que ignorasse problemas como a dívida externa ou o rombo das estatais, sua opinião romântica não se distinguia do que pensava a maioria da população.

Quando não achou mais uma boa razão para manter o silêncio sobre os dramas coletivos, Cazuza não precisou ir longe para encontrar uma inspiração. Bastou olhar as desigualdades à sua volta com a inquietação ímpar que tinha ao tratar do mais íntimo. Sua voz soava mais como lamento do que canto.

> **São 7 horas da manhã**
> **Vejo Cristo da janela**
> **O sol já apagou sua luz**
> **E o povo lá embaixo espera**
> **Nas filas dos pontos de ônibus**
> **Procurando aonde ir**
> **São todos seus cicerones**
> **Correm pra não desistir**
> **Dos seus salários de fome**
> **É a esperança que eles têm**
> "Um trem para as estrelas", Cazuza

Como dizia o refrão, otimista, os navios negreiros cederam sua vez a um trem rumo às estrelas. Em vez de correntes prendendo os escravos, ele cantava outras correntezas para essa embarcação: "Num trem pras estrelas/ Depois dos navios negreiros/ Outras correntezas." Anterior a "Brasil" e "O tempo não para", a música foi composta para a trilha do filme homônimo, de 1987, em que Cacá Diegues narra a busca de um jovem saxofonista pela namorada desaparecida num Rio de Janeiro de violência e miséria. A canção, gravada em *Ideologia* (1988), criticava a falta de visibilidade dos problemas dos trabalhadores que acordam cedo e ganham pouco. Ao cantar, Cazuza vocalizava queixas correntes.

"O brasileiro médio, e aí está também o operário, é um cara que não tem tempo nem para pensar, ele pega um trem às quatro da manhã e chega em casa às dez da noite, só tem tempo para transar com a mulher dele e colocar uma porção de filhos no mundo", reclamou o cantor, hiperbólico contumaz, numa entrevista à *IstoÉ*. "Enquanto isso, temos um Brasil cheinho de gente analfabeta, faminta. Não existe democracia num país de analfabetos e, aqui, 50 milhões não sabem ler. Então, é por aqui que devemos lançar a ideologia. Não acredito em democracia com esse estado de coisas."

Cazuza foi ampliando o foco, não mais restrito a dramas de seus pares, e um resultado da guinada foi outra parceria com Frejat. "Hoje quero falar sobre outras coisas, outras pessoas. O 'Blues da piedade' [do disco *Ideologia*] define muito bem isso, a minha visão desse momento", disse ele, que se achava mais atento aos outros, em declaração citada em *Preciso dizer que te amo*. Os versos-convocação "Vamos pedir piedade/ Senhor, piedade/ Lhes dê grandeza e um pouco de coragem" se referiam a miseráveis com alma, sonhos e bolsos apequenados.

> **Agora eu vou cantar pros miseráveis**
> **Que vagam pelo mundo derrotados**
> **Pra essas sementes mal plantadas**
> **Que já nascem com cara de abortadas**
>
> **Pras pessoas de alma bem pequena**
> **Remoendo pequenos problemas**
> **Querendo sempre aquilo que não têm**
> "Blues da piedade", Cazuza

Em vez de um "rogai por nós, pecadores", a oração de Cazuza é pelos outros, mais especificamente pelas "pessoas de alma pequena" (para quem talvez nem preces valham a pena, a se fiar no pessoano "Tudo vale a pena/ Se a alma não é pequena"). Ao contrário de "Um trem para as estrelas", esse blues lamenta não os mais pobres e a distribuição desigual de bens, mas a disposição de uns em não se iluminarem por dentro. No disco póstumo *Por aí*, "Não há perdão para o chato" esclareceria que "Tem o meu respeito quem pede esmola/ Quem ganha a sua mesada/ Mas tem que ser mão aberta/ Com a rapaziada", afinal só não haveria perdão, como diz o título, para o chato.

As letras refletiam sua indignação com a perenidade de tantos problemas, com o "mais do mesmo", para citar a canção legionária: "Os problemas do Brasil parecem ser os mesmos desde o descobrimento", disse o cantor, citado em *Cazuza: Só as mães são felizes*. "A renda concentrada, a maioria da população sem acesso a nada. A classe média paga o ônus de morar num país miserável. Coisas que, parece, vão continuar sempre. Nós teríamos saída, pois nossa estrutura industrial até permitiria isso. O problema do Brasil é a classe dominante, mais nada. Os políticos são desonestos. A mentalidade do brasileiro é muito individualista: adora levar vantagem em tudo." Esse raciocínio era comum em seu estrato social, no qual ele se destacava com o microfone em mãos e a consequente capacidade de difundir críticas como essa.

Como boa parte dos brasileiros, Cazuza apostava na educação para reverter os males sociais do país. No fim dos anos 1980, a taxa de analfabetismo das pessoas de 15 anos ou mais atingia quase 20% da população. "Educação é a única coisa que poderia mudar este quadro", disse, também numa citação da biografia feita por Lucinha Araújo. "Brasileiro é grosso e mal-educado, porque não pensa na comunidade, joga lixo na rua, cospe, não está nem aí. Este espírito comunitário viria com a cultura. Acho que o socialismo talvez possa trazer este acesso à cultura de massa. Fazer como o Mao Tsé-Tung fez com a China. Educar todo mundo à força. Temos que estudar, ler, ter acesso a livros." Gravada em *Só se for a dois* (1987), "Vai à luta" foi associada por Cazuza ao ex-ministro da Fazenda, Dilson Funaro, dos planos Cruzado I e II, cujo fracasso no ano anterior fora um golpe numa esperança de mudança: "Esta música, inclusive, é uma homenagem ao Funaro (*risos*). Não é? O Funaro era o galã do Brasil?" Num terceto, ele alertava ser preciso abstrair do que é alheio à luta de cada um.

> **Eu te avisei, vai à luta**
> **Marca teu ponto na justa**
> **O resto deixa pra lá**

Mais adiante, ele lembrava que o mundo dá voltas e que quem um dia está por cima pode não permanecer lá, como Funaro:

> **Eu te avisei, vai à luta**
> **"Porque os fãs de hoje**
> **São os linchadores de amanhã"**
> "Vai à luta", Cazuza

Enquanto os preços estiveram congelados, o aumento do consumo — inclusive de discos e fitas — acarretou um desequilíbrio da balança comercial, com importações em alta, além de ágios na compra de itens escondidos pelas empresas à espera da liberação dos preços. O apetite do PMDB nas eleições para governador inibiu ajustes necessários ao Plano Cruzado I e o maior poder de compra no curto prazo favoreceu a vitória de candidatos do PMDB em 22 dos então 23 estados da federação (o Distrito Federal só teria eleição para governador em 1990). Depois das eleições, o aumento de tarifas e impostos trouxe a inflação de volta.

Os indicadores evidenciam graves desigualdades: a proporção de pessoas abaixo da linha de pobreza (40,8% em 1981) chegou a 26,5% em 1986, mas fechou a década em 42%. Na década dita "perdida" pelo crescimento econômico pífio, a participação dos 50% mais pobres na renda variou de 13,14% (1981) a 10,62% (1989) — em 2013, essa participação ficaria em 16,42%. A receita do ex-ministro Delfim Netto, mentor econômico de três governos militares, de esperar o "bolo" crescer para só então reparti-lo se provara uma panaceia retórica contra as críticas à concentração de renda.

"Nunca tive nenhuma atitude política, nunca quis mudar nada com o meu trabalho. Não tenho a pretensão de dar um testemunho de vida, de mostrar mais ou menos o tipo de barato que eu vivo", avaliou Cazuza na *IstoÉ* quando lançava *Só se for a dois* (1987). "Recebo telefonemas, cartas de meninos dizendo 'depois que eu ouvi seu disco, me deu vontade de fugir de casa, de viver as tuas coisas'. É uma coisa até meio perigosa, às vezes, mas não deixa de ser um ato político também."

Filhos de uma classe média em ascensão, Renato e Cazuza retrataram sempre com originalidade certas diferenças que se constituíram como desigualdades no Brasil. Enquanto o barítono abordou a miséria e outros males sociais desde as primeiras letras, como "Faroeste caboclo", o tenor musicou tais questões na segunda metade da carreira, até por uma influência do primeiro.

A Legião gravou letras que tematizam a distribuição desigual de recursos e seus efeitos concretos e simbólicos, como "Música urbana 2", "Fábrica" e "'Índios'", assim como os mecanismos por meio dos quais as desigualdades são vividas, como território ("Mais do mesmo"), trabalho ("O teatro dos vampiros" e "Música de trabalho") e educação ("Química", citada no capítulo 4). Já o ex-líder do Barão não escreveu tanto sobre as desigualdades, mas se mostrou um crítico ferrenho delas em "Milagres", "Um trem para as estrelas" e até "Vai à luta". Chega a ser curioso identificar a ênfase e o volume tão desiguais nessa produção crítica de ambos.

6. ORIENTAÇÃO SEXUAL:
HOMOSSEXUALIDADE SEM TABU

Quero alguém/
Na areia da praia/
Quero alguém/ Que
use calça ou saia/
Pra ter do meu lado

"Eu quero alguém", Cazuza

Quando Cazuza e Renato Russo gravaram seus primeiros discos, no início dos anos 1980, a Organização Mundial da Saúde (OMS) e o Conselho Federal de Medicina consideravam a homossexualidade uma doença mental. Desde então, a atração por indivíduos do mesmo sexo já foi tomada como uma opção, até ser vista, hoje, como uma orientação sexual. Os dois, assim como Freddie Mercury e Elton John, tornaram pública sua homossexualidade, abordando-a — mais em entrevistas do que em versos — com a naturalidade dirigida a outros temas relevantes na sociedade, como a ideologia.

Cazuza e Renato identificaram sua orientação sexual e a representaram em sua obra de modo gradativo. Desde a juventude, Cazuza nunca a escondeu de parentes e amigos, mas apenas a pontuou em suas músicas. "O meu trabalho é mais interessante do que a minha vida sexual", rebateu o cantor, contrariado por ouvir tantas perguntas sobre drogas e homossexualidade desde que abordara esses assuntos numa entrevista para uma revista masculina.

Renato, no começo, se achou doente e estranho. Receou morrer e ir para o inferno, porém mais tarde incluiu a homossexualidade em suas letras. "Quando eu era adolescente não sabia direito como funcionava o mundo e sofria uma pressão muito grande para ser igual aos outros", declarou à revista *Manchete* o cantor, que se revelou gay à família aos 18 anos. Renato ficou em paz com esta questão apenas depois de viajar em 1989 a Nova York e São Francisco, onde foi a points gays. Para ele, no Brasil, só se concebia homossexual enrustido e "bicha-discoteca", com os quais não se identificava, e nos Estados Unidos havia maior diversidade de tipos, como musculosos, sadomasoquistas e loucos.

"Eu estava precisando me assumir há muito tempo... Mas fica aquela coisa, filho de católico, você é 'doente' etc. etc.", relatou Renato à *Bizz*, em 1990. "Sempre gostei de meninos, eu gosto de meninas também, mas eu gosto de meninos. Como é que não é natural? Se eu sou doente, pervertido... ah, não! Eu já sabia disso. Então, lá foi assim... é o que se chama *coming out*."

> **Nossas meninas estão longe daqui**
> **E de repente eu vi você cair**
> **Não sei armar o que eu senti**
> **Não sei dizer que vi você ali**
> "Soldados", Renato Russo

Entre referências veladas e explícitas

Em meio a hesitações íntimas, Renato escrevera letras com referências veladas à homossexualidade nos primeiros discos da banda: 'Soldados' (*Legião Urbana*, 1985) e "Daniel na cova dos leões" (*Dois*, 1986). Enquanto uma primeira relação heterossexual era retratada em "Ainda é cedo" ("Uma menina me ensinou/ Quase tudo que eu sei/ Era quase escravidão/ Mas ela me tratava como um rei"), também do disco de estreia, "Soldados" partia em outra direção e, segundo o autor, bastava um pouco de sensibilidade para identificar a alusão à orientação sexual. Os soldados estavam em batalha, longe de suas meninas, e se descobriam mutuamente atraídos.

O medo de se expor ao alvo amoroso sobressai em "Soldados". Daí os questionamentos sobre quem seria o inimigo (e o outro) e a constatação de que se estava travando uma batalha — mais íntima do que pública — cuja razão se ignorava. Sobram questões retóricas sobre o que o outro sentiu e pensou naquele cenário — exatamente o receio de quem se vê parte de uma minoria geralmente vítima de julgamentos alheios.

> **Tenho medo de lhe dizer o que eu quero tanto**
> **Tenho medo e eu sei por quê:**
> **Estamos esperando**
> **Quem é o inimigo?**
> **Quem é você?**
> **Nos defendemos tanto tanto sem saber**
> **Por que lutar**
> "Soldados", Renato Russo

Em "Daniel na cova dos leões" (*Dois*, 1986), Renato se apoiava em imagens poéticas para sugerir uma união entre dois indivíduos do mesmo sexo, como quando identificava o corpo da pessoa amada como um "espelho". Sua orientação sexual o fazia se sentir deslocado, mas disposto a desafiar o "instinto dissonante" e a considerar correta a insistência de usar os remos em pleno barco a motor.

> **Faço nosso o meu segredo mais sincero**
> **E desafio o instinto dissonante**
> **[...]**
> **Teu corpo é meu espelho e em ti navego**
> "Daniel na cova dos leões", Renato Russo

A imagem bíblica do título reforçaria a noção de estar sujeito a ataques iminentes. Renato deu sua versão sobre a letra para Leoni no livro *Letra, música e outras conversas*. "É a situação da pessoa que está encurralada e tem que provar alguma coisa. É sobre ter que lidar com uma sexualidade que não é aceita. Tem aquelas imagens de ser barco a motor e usar remo", esclareceu ele. "A imagem é essa: Daniel é inocente e é colocado no meio dos leões, só que os leões não o comem. Ele acalma os leões."

Num show no Rio de Janeiro em 1988, Renato encerrou "Daniel na cova dos leões" atacando o preconceito contra os gays: "Todo mundo tem direito de amar quem quiser e não morrer esfaqueado por um surfista calhorda!" Para ele, os "assassinatos rituais de homossexuais" eram um sintoma da aids, por reforçar a repressão e o enquadramento, como afirmou ao suplemento Ideias do *Jornal do Brasil*: "Veja a diferença do que acontece no exterior: na Europa, estão fazendo filmes pornôs sobre *safe sex*! Toda essa movimentação em torno da aids só serviu para reforçar ainda mais a união do movimento gay. Aqui, acontece o contrário: foi preciso matar o Luiz Antônio [Martinez Corrêa, diretor teatral assassinado por um garoto de programa em 1987] para os artistas iniciarem uma campanha, porque os homossexuais estão acuados, com medo. Os hemofílicos estão fazendo, estão lutando, mas precisava morrer o Henfil [cartunista que contraíra aids em transfusão de sangue] para esse problema sensibilizar a população?" Aquelas duas letras não deixavam de ser um recurso para uma sensibilização, mas o discurso ainda estava majoritariamente nas entrelinhas.

A explicitação numa letra veio em "Meninos e meninas", de *As quatro estações* (1989), um libelo em defesa de toda forma de amor. Não por acaso, aquele foi o disco seguinte à visita do compositor a redutos gays nos Estados Unidos. A mensagem era clara, mas os nomes de santos dividiam as interpretações. Alguns ouviram como uma declaração de amor a homens (Paulo, João, Francisco e Sebastião), apresentados cifradamente como santos porque essa devoção seria mais palatável do que a homossexualidade.

> **Acho que gosto de São Paulo**
> **E gosto de São João**
> **Gosto de São Francisco**
> **E São Sebastião**
> **E eu gosto de meninos e meninas**
> "Meninos e meninas", Renato Russo

O autor admitia que a alusão religiosa dificultava a compreensão. "Em 'Meninos e meninas', é a primeira vez que falo, claramente, que gosto de meninos e meninas. Também não sei o que vai dar, porque começo a falar de santo, no meio da música, e vai embolar tudo", avaliou Renato, em citação reproduzida em *Renato Russo de A a Z*. "E o amor ao próximo? Jesus gostava de meninos e meninas. Não sei se sexualmente, porque, naturalmente, Ele era um ser evoluidíssimo. Ele era um ser totalmente espiritual."

Adepto da ironia e crítico contumaz da Igreja, Renato até declarou que a canção não era uma bandeira pelo bissexualismo, mas em favor da Igreja Católica, pelo gosto por São Francisco. "Depende de como você vê a letra", alegou o autor em 1992, defendendo uma versão nada crível. A abertura retrata alguém que se sente deslocado e que, mais adiante, se diz desprotegido por alguém a quem zelou. O sentimento de injustiça predominava para esse eu lírico que diz desejar indivíduos dos dois sexos.

No disco *V*, lançado dois anos depois, há quem veja a homossexualidade nas entrelinhas de "Vento no litoral", letra com uma melodia mais sofisticada que de costume. "É uma canção de amor gay", interpreta Marcos Carvalho Lopes em um de seus "ensaios legionários". "Os cavalos-marinhos citados em sua letra são uma referência ao universo homossexual; nessa espécie são os machos que engravidam." Sua explicação ao verso "Ei, olha só o que achei: cavalos-marinhos" não me parece tão convincente. Saberes zoológicos à parte, esses animais podem ser aqui mera dádiva do mesmo mar que parecera lhe dizer "a vida continua e se entregar é uma bobagem". Depois de "Meninos e meninas", acho que seria despropositado voltar às alusões veladas como em "Soldados" e "Daniel na cova dos leões".

Eu tenho tudo o que você precisa
E mais um pouco
Nós somos iguais
Na alma e no corpo
"Narciso", Cazuza

Do segredo à revelação no jornal

Hit mais fosco do disco *Maior abandonado*, da safra 1984 do Barão, "Narciso" fazia menção bem discreta à orientação sexual de Cazuza: "Nós somos iguais/ Na alma e no corpo" — a referência é tão tímida que seria até desproporcional nos atermos a ela. Antes, ele só tinha flertado com o tema no provocativo refrão de "Posando de star", faixa de abertura do primeiro disco da banda. O eu lírico ali sugere ao interlocutor: "Botando banca/ Posando de star/ Você precisa é dar".

A homossexualidade voltou a aparecer com naturalidade em duas letras de *Burguesia* (1989). "Eu quero alguém" trata da busca de um solitário por uma paixão, independentemente de gênero: "Quero alguém/ Que use calça ou saia/ Pra ter do meu lado" e "Estou tão só/ Meus pais não me conhecem". "Como já dizia Djavan" fala do sossego que vem do amor correspondido, o que valeria para dois homens:

E as estrelas ainda vão nos mostrar
Que o amor não é inviável
Num mundo inacreditável
Dois homens apaixonados
"Como já dizia Djavan", Cazuza

Como se percebe, ele musicou apenas pontualmente a orientação sexual, que entraria na pauta de suas entrevistas e outras declarações com maior frequência. Falar do assunto, em face do preconceito, era um ato sobretudo político.

A exemplo de Renato, Cazuza não poupou críticas à Igreja e exagerou até que a aids — que começou a assombrá-lo sem se revelar em 1985 — partia de uma conspiração eclesiástica contra a liberação sexual dos anos anteriores. Logo depois de sair do Barão, após desentendimentos entre os componentes, ele foi internado com uma febre de 42 graus atribuída a uma infecção nos pulmões. Um teste de HIV deu negativo, mas os exames ainda não eram precisos.

Ele não suportava mais as especulações de que estaria com aids, como atesta declaração transcrita em *Cazuza: Só as mães são felizes*: "Eu tive uma 'baronite' aguda. A aids é um complô contra a sacanagem e eu não admito abandonar a sacanagem, em hipótese alguma. Isso é coisa do Papa e do Reagan contra a sacanagem. Mas passarinho que come pedra sabe, não é? Eu não vou ter aids."

O diagnóstico veio em abril de 1987 e foi confirmado no New England Medical Center, em Boston, onde ouviu mais recomendações — sem atendê-las — para se alimentar bem, ter hábitos saudáveis e largar a bebida e as drogas. A doença era pouco conhecida e, entre as prescrições, estava até não comer no prato do doente, não usar suas roupas nem beijá-lo. Especulações da mídia teriam inspirado um trecho de "O tempo não para": "Mas se você achar/ Que eu tô derrotado/ Saiba que ainda estão rolando os dados".

Cazuza não admitia que lhe perguntassem se tinha aids, alegando sofrer com um fungo no pulmão. Só voltou atrás depois que a jornalista Marília Gabriela, no intervalo de uma gravação na TV Bandeirantes, no fim de 1988, questionou sua relutância em assumir a doença e lhe disse que ele não devia nada a ninguém. Primeiro, ele preparou seus pais, receosos de preconceitos e injustiças: "Eu canto uma música que diz: 'Brasil, mostra a tua cara!' Tenho que mostrar a minha, porque assim não estaria sendo coerente comigo, com as coisas que canto e em que acredito e muito menos coerente com meu público." Desfez seu segredo em fevereiro de 1989, em entrevista à *Folha de S.Paulo*.

"É como se eu acabasse de descobrir que sou portador do vírus, como se ele não tivesse começado a agir", minimizou Cazuza ao repórter Zeca Camargo. Na mesma entrevista, ele ainda se declarou bissexual ("sempre falei isso"), "relativamente enlouquecido" e vivendo "crises horrorosas".

As fortes dores ganharam corpo em "Cobaias de Deus" (*Burguesia*, 1989), com o início "Se você quer saber como eu me sinto/ Vá a um laboratório ou labirinto/ Seja atropelado por esse trem da morte", e na jamais gravada "Justiça", de versos incisivos como

"Porque uns sofrem à beça/ Sem ter feito nada a ninguém/ Outros, como eu, são doentes e sentem dor".

Cazuza era otimista quanto ao fim da discriminação a gays e outras minorias, que ele julgava em declínio. "O mundo está caminhando para uma coisa melhor. As minorias, os gays... hoje já se fala de homossexualismo de uma maneira totalmente aberta. Conseguimos uma vida melhor", opinou em 1989, como registra *Cazuza: Só as mães são felizes*. "Tá certo que pagamos um preço caro por isso. Mas está aí. Se tem poluição, por outro lado temos ecologistas. Acredito que vai haver um movimento tão grande, um encontro imediato, vamos encontrar outros seres, numa grande confraternização."

> **I must obey my only rival**
> **He will command our twin revival**
> **[A meu único rival eu devo obedecer**
> **Vai comandar nosso duplo renascer]**
> "Feedback Song for a Dying Friend", Renato Russo, trad.: Millôr Fernandes

Da capa da revista ao segredo

Meses após a morte de Cazuza, Renato Russo descobriu ter aids, contraída do namorado, mas optou por não torná-la pública. Essa notícia foi contada apenas ao pai, aos parceiros de banda (Dado, Marcelo e o empresário Rafael Borges) e à amiga Denise Bandeira, segundo o biógrafo Arthur Dapieve. O segredo buscava evitar novo martírio público, como o sofrido por Cazuza, em especial com a capa da *Veja* ("Uma vítima da Aids agoniza em praça pública"). Questionado se tinha a doença em 1992, Renato apenas rebateu "Não estou com aids, que pergunta idiota".

Em várias ocasiões, o cantor falou da falta de liberdade de que os homossexuais eram vítimas. "As pessoas não são liberadas. A gente está na Idade Média. Imagina, o Brasil é o país mais racista do mundo", comentou à revista *Interview*, avesso à utópica imagem da "democracia racial". "Liberdade sexual são essas drag queens. Acho que o que falta hoje em dia é respeito. Agora, isso é uma coisa que ainda vai levar muito, muito tempo. Um país que não tem um sistema social, o Estado não funciona, não existe escola, uma rede de transporte decente, não existe informação. É isso que a gente tem que trabalhar antes. A questão da identidade sexual, isso vem depois. É uma coisa que vai ser conquistada, entendeu?"

Ele se indignava com a discriminação a minorias sexuais, com a qual sofreu até em shows. Em entrevista à *Bizz* em 1990, lamentou que desconfiassem da homossexualidade de um ator que fizesse papel de gay, uma suspeição que não ocorria com um personagem assassino. E concluiu parafraseando versos afiados de "Quando o sol bater na janela do teu quarto": "A humanidade é desumana, mas acho que ainda temos uma chance."

Ausente em declarações do compositor sobre sua saúde, a aids pareceria ser o alvo de "Feedback Song for a Dying Friend" (Canção-retorno para um amigo à morte), de *As quatro estações* (1989) — não tivesse ela sido escrita em 1985, antes daquele pesadelo. Segundo Renato contou à revista *Amiga*, havia uma relação homossexual na música, "um pouco sobre Cazuza", ele que até então resistia ao HIV que matara dois de seus conhecidos. A letra abre com imagens às quais não se fica indiferente:

Soothe the young man's sweating forehead
Touch the naked stem held hidden there
Safe in such dark hayseed wired nest
[Alisa a testa suada do rapaz
Toca o talo nu ali escondido
Protegido nesse ninho farpado sombrio da semente]
"Feedback Song for a Dying Friend", Renato Russo

Seu primeiro disco solo, *The Stonewall Celebration Concert* (1994), festejou os 25 anos do levante contra a polícia, caso que viraria um marco na luta pelos direitos das minorias sexuais. O atraso visível nos direitos das minorias e a hipocrisia incomodavam o cantor. "Conheço um monte desses garotões fortões que nunca ninguém vai dizer que é [gay]. Mas são", disse Renato à *IstoÉ*. "É importante falar sobre isso. Se eu fizesse parte de outra minoria e se existissem coisas que me incomodassem, acho que, tendo a posição de artista, eu falaria. Não é para ser politicamente correto ou para chamar atenção. Já tive namorada, já tive filho, mas gosto de hoje poder cantar uma música de Bob Dylan dizendo 'If you see him' em vez de 'If you see her' ('Se você o vir', e não 'Se você a vir')."

Ao gravar músicas que o marcaram, ele ajudou, com parte da venda dos discos, a campanha Ação da Cidadania contra a Fome, a Miséria e pela Vida, liderada pelo sociólogo Herbert de Souza, o Betinho. Disposto a se engajar mais como artista, ele publicou no encarte do disco contatos de entidades não governamentais, como associações de mulheres, o Greenpeace e a Sociedade Viva Cazuza. Para a revista *Manchete*, ele chegou a criticar a falta de um catálogo telefônico no Rio: "Já que o disco cuida disso, da questão da liberdade do espírito humano e é contra o fascismo, o preconceito e a intolerância, achei que seria supergenial fazer um folhetinho com essas informações." Nada mais natural para alguém com aquela causa.

"O disco fala sobre a importância da liberdade do espírito humano e como ainda existe a opressão... e como é importante a pessoa lutar pelos seus direitos", resumiu Renato para a MTV. "Para mim, o disco coloca uma série de situações de amor, da pessoa querer encontrar um relacionamento, querer ser respeitada como pessoa... Todo mundo precisa de carinho, né? Então as músicas falam disso, só que de uma determinada maneira que não é a visão heteronormativa da sociedade."

Sem alarde, Renato ajudava grupos homossexuais e, em 1994, passou a ir a reuniões do Arco-Íris, além de doar US$ 10 mil para a Conferência Internacional de Gays e Lésbicas, no Rio de Janeiro, no ano seguinte. Ele escondia seu ativismo para não ter de erguer a bandeira da homossexualidade a toda hora, mas seu gesto foi reconhecido após a morte por membros do grupo Arco-Íris. Entre os líderes, afirmou-se que o movimento no Brasil devia muito ao vocalista da Legião. Isso porque, ao assumir sua orientação, ele foi um exemplo involuntário para a juventude dividida entre incertezas pessoais e certezas coletivas, como os preconceitos.

Cada vez mais, homossexuais (artistas ou não) tornaram pública sua orientação sexual nas últimas três décadas, com maior ou menor alarde. A participação em manifestações pela inclusão de minorias sexuais cresceu tanto que a parada gay de São Paulo se tornou a maior do mundo. Nessa evolução dos costumes, Cazuza e Renato Russo foram pioneiros em declarações públicas e seus repertórios. Por festejar os vinte anos do levante gay de 1974, o disco *The Stonewall Celebration Concert* foi de certo modo uma inflexão simbólica na relação entre a música e a causa LGBT (lésbicas, gays, bissexuais e transexuais) no país.

A atitude de Cazuza e Renato de assumirem a homossexualidade em público foi uma novidade. Enquanto personalidades em outras décadas não assumiam ser gays, os dois artistas dos anos 1980 seguiam o rumo oposto, politizando sua opção sexual, apesar do preconceito. Cazuza chegou a ironizar essa discriminação em "Jovem", gravada pelo Hanói Hanói em 1990: "Jovem, você tá muito avançado/ Seus amigos desconfiam/ Que você é veado". O olhar alheio era um desafio que diminuiu de lá para cá. "Vai admitir que você gosta de homem nessa terra, meu filho!", desabafou Renato em 1991 à revista *Interview*. "Nem para ganhar dinheiro uma pessoa arriscaria passar pelo que eu passei. Tem muito preconceito ainda. São os vizinhos, as piadinhas, você não é considerado uma pessoa normal."

Apesar de se queixar da discriminação às minorias sexuais, Renato era mais crítico à homofobia em outros países. "Como artista brasileiro, tenho uma supersorte de aqui no Brasil existir uma série de problemas, mas que tem a homofobia como uma coisa menor", observou à MTV em 1994, citando dois cantores americanos (Michael Stipe, do R.E.M., e Henry Rollıns) que omitiram sua orientação sexual para resguardarem suas carreiras. Mais de duas décadas depois, um projeto para criminalizar a homofobia acabaria arquivado no Senado por não ter sido aprovado após tramitar durante os oito anos de duas legislaturas.

A chegada da aids ao Brasil acabou fortalecendo a militância gay e reduziu o preconceito contra homossexuais, segundo a tese de Ronaldo Trindade, *De dores e de amores*, de doutoramento em antropologia social pela Universidade de São Paulo. Os primeiros casos da doença, que a mídia e os mais conservadores chamaram de "peste gay", fomentaram os grupos de minorias sexuais e deram destaque à causa. Ao tornar pública a luta contra a aids, Cazuza contribuiu para essa mudança, ajudando a debater a homossexualidade, então vista como tabu. "Mostrar a existência da doença fez com que as pessoas refletissem e se informassem sobre o assunto", resumiu Trindade à Agência USP de Notícias. "A visibilidade é o melhor remédio contra o preconceito."

O país não chegou a 2015 com o que celebrar em relação à incidência da aids, pois os indicadores nunca estiveram piores em mais de trinta anos da doença. Como alertaram três estudiosos na revista *Interface*, a epidemia deu sinais de reemergência, tais como a superação da marca de 40 mil novos casos anuais, o aumento de incidência entre homossexuais, além do crescimento da taxa de mortalidade após anos de redução. Segundo Alexandre Grangeiro, Elen Rose Castanheira e Maria Inês Nemes, os 12.700 casos de óbito pela doença em 2013 eram um número similar ao de uma década e meia antes, quando da implantação da política de acesso aos antirretrovirais.

A resposta à aids conjuga políticas de promoção à saúde, com métodos preventivos eficazes, e políticas de direitos humanos, como ressaltam os três pesquisadores: "Está claro que são as ações estruturais de redução de estigma, de discriminação, de inserção social e eliminação de barreiras legais que farão com que as taxas de incidência e mortalidade sejam controladas em grupos sociais mais atingidos pela epidemia." Com suas declarações e exemplos de vida, Cazuza e Renato Russo deixaram um legado marcante — e que se espera duradouro — no enfrentamento do estigma e da discriminação contra homossexuais e portadores do HIV.

7. CRÔNICAS DO BRASIL DE ONTEM E HOJE

Às vezes parecia que, de tanto acreditar/ Em tudo que achávamos tão certo,/ teríamos o mundo inteiro e até um pouco mais

"Andrea Doria", Renato Russo

A identidade brasileira teve na música popular a expressão artística mais decisiva para sua formação no século xx. "Mais completa, mais totalmente nacional, mais forte criação da nossa raça até agora", definiu a música popular o escritor Mário de Andrade em 1928, numa descrição que continuaria válida nas décadas seguintes, a julgar pela relevância de estilos como o samba-canção, a bossa nova, a tropicália e o rock.

As mudanças na cena musical refletiram (e incitaram) aquelas na sociedade. O romantismo melódico do samba-canção caiu no gosto de um país que ficava mais urbano e industrial e começava a curtir o rádio e as gravações em disco nos anos 1930. Sem ênfase emotiva, a bossa nova, lançada no fim da década de 1950, combinava com o otimismo e o desenvolvimentismo dos anos jk, enquanto a tropicália, uma década depois, pôs em tensão ideias como nacional e estrangeiro, popular e erudito, rural e urbano. Já o rock, trazido pelos tropicalistas, explodiu nos anos 1980 entre a crítica e a irreverência de bandas como o Barão Vermelho, de Cazuza, e a Legião Urbana, de Renato Russo.

Quando Cazuza morreu, em 1990, seu ocaso chegou a ser associado ao do presidente eleito que, cinco anos antes, encarnara a esperança de um país melhor. "A agonia de Cazuza lembra, mal comparando, a agonia de Tancredo Neves — a decepção de milhares de pessoas diante da morte de alguém que havia tornado público um certo 'estado de coisas' e prometia, pelo simples fato de estar vivo, transformá-lo", escreveu o jornalista Maurício Stycer na *Folha de S. Paulo*. Esse paralelo levava em conta a piedade popular após a divulgação de que o cantor tinha aids, além da empatia de músicas como a tríade "Brasil", "Ideologia" e "O tempo não para". Muitas de suas letras, além das de Renato Russo, documentaram a redemocratização com uma riqueza sem paralelo com criações de outros artistas e momentos históricos — é claro que outros retrataram bem seu tempo, mas não há repertórios individuais com tal valor documentário de um período.

Em uma definição no clássico ensaio *As ideias fora do lugar*, o crítico literário Roberto Schwarz frisa que a matéria do artista "é historicamente formada e registra de algum modo o processo social a que deve sua existência". Cazuza e Renato registraram a história do país com tanta eloquência que, mais do que compor um fundo nas letras, essa história foi alçada ao primeiro plano de suas obras. Daí não se poder desmembrar os textos dos contextos em que vieram à luz. Melhor dizendo: dos contextos que os deram à luz.

Brasília, fim de 1978

A capital que mal completara a maioridade servia de palco a jovens que se diziam da "Geração Coca-Cola". No Lago Norte, o Aborto Elétrico fazia os primeiros ensaios, com Renato no baixo, Fê Lemos na bateria e André Pretorius na guitarra. No Palácio do Planalto, o quarto general-presidente Ernesto Geisel ensaiava uma reabertura política "lenta, gradual e segura". Com o Pacote de Abril, regras casuístas para manter a maioria governista, Geisel evitou repetir a derrota do pleito anterior, quando o MDB amealhara 16 das 22 cadeiras em disputa no Senado. Ainda naquela legislatura, seis deputados não concluiriam os mandatos, cassados "em nome de uma ordem que a ética não justifica e o Direito condena", como criticou Tancredo Neves, então líder do MDB na Câmara, num discurso para seus pares.

Enquanto Tancredo criticava a ordem vigente em discursos e entrevistas, o Aborto Elétrico torpedeava versos críticos de Renato como "Nas favelas, no Senado/ Sujeira pra todo lado/ Ninguém respeita a Constituição/ Mas todos acreditam no futuro da nação". Com título tanto interrogativo quanto exclamativo, "Que país é este" foi gravada nove anos depois e se tornaria "símbolo da perplexidade que marcou o país na segunda metade dos anos 1980", na definição com que a historiadora Marly Motta introduz a ideia de identidade nacional no livro *A nação faz cem anos*. Naquele fim do governo Geisel, porém, a letra já aliava indignação à esperança "no futuro da nação", ou seja, na juventude também cantada em "Geração Coca-Cola". "As canções como 'Que país é este' e 'Geração Coca-Cola', pelo menos para mim, estão bem ligadas a uma época", avaliou Renato em 1989. "Hoje, mesmo se eu falasse as mesmas coisas, eu tentaria falar de uma maneira muito mais espiritual e lírica."

Alheio à cena brasiliense, o Cazuza de 20 anos escrevia textos para divulgar artistas da gravadora do pai, a Som Livre, e arriscava poesias como "Domingo" e "Simancol", com reflexões juvenis sobre o cotidiano das classes desfavorecidas. Ele morou durante sete meses em São Francisco, de onde voltou em outubro de 1979 sem ter completado o curso de fotografia e artes plásticas na Universidade da Califórnia em Berkeley. No início dessa temporada, não aguentou a solidão no hotel, foi morar com uma família, e cuidou do cachorro da casa para descontar 100 dólares por mês no aluguel.

Em 1979, que começara com a revogação do AI-5 e de outros atos, Geisel passou o poder ao general João Figueiredo, outro adversário da linha dura, e o Congresso aprovou a lei da anistia para crimes políticos do governo e da oposição. A volta de anistiados foi acompanhada pela reforma partidária, que concentraria a Arena no PDS e fracionaria o MDB em várias legendas. Na economia, a inflação em alta (acima de 50% ao ano) e salários em baixa fermentavam greves com tons de luta pela democracia. Naquele clima, Renato atacava a vida na capital, onde "todos vão fingindo viver decentemente" — em "Tédio (com um T bem grande pra você)". Para ele, essa música "totalmente boba" acabou se tornando "uma espécie de hino dos punks de Brasília daquela época", como assinalou no encarte do disco *Que país é este 1978/1987*. Da mesma safra, a emblemática "Faroeste caboclo" foi vaiada pelos punks no início, mas veio a se tornar um hit quase uma década depois.

Em seus menos de quatro anos, o Aborto Elétrico musicou, mas não gravou, frustrações correntes, como com abusos da polícia e maniqueísmos ideológicos. "A gente protestava contra tudo aquilo que ouvia falar na UnB", lembrou Renato, como citou Arthur Dapieve. Desfeita no início de 1982, a banda concretizou o ideal que seu vocalista, como narrou o biógrafo Carlos Marcelo, defendeu numa carta aberta escrita após um show que ficara abaixo das expectativas dos músicos e do público: "Esqueçam os modelos estrangeiros (estes devem/podem ser usados para dar partida a algo novo e nosso, aqui e agora). Usem e criem em cima das vibrações únicas da nossa cidade." Dito e feito.

Rio de Janeiro, primavera de 1981
Na Feira da Providência, no Riocentro, a falta de um sistema de som adequado impediu que o Barão Vermelho fizesse seus primeiros shows e exibisse em público o repertório que ensaiava. O setlist incluía "Billy João", que seria gravada como "Billy Negão" no disco *Barão Vermelho* (1982). Nele, a letra de "Posando de star" fora adaptada para evitar a censura pelo verso "Você precisa é dar!". A solução foi criativa: "Vamos colocar na letra: 'você precisa é dar-se'. Eles aprovam e depois a gente canta a original", propôs o produtor Ezequiel Neves, como contou na biografia do Barão Vermelho. "Ninguém vai perceber. O máximo que pode acontecer é proibirem de tocar nas rádios. E isso dá o maior ibope." Não houve proibição para o rádio e, nos encartes, constava um "precisa é dar(-se)". O recurso autoritário que atingira artistas como Chico Buarque e Geraldo Vandré se voltava contra a geração seguinte.

Durante o último governo militar, Cazuza e Renato sabiam que, para driblar a censura, deveriam fazer eventuais ajustes nos versos. Ao submeter sete de suas primeiras letras ao exame "de conformidade com as normas censórias vigentes", Renato fez mudanças para facilitar três liberações: a alteração de trechos polêmicos em "Anúncio de refrigerante" e em "Tédio (com um T bem grande pra você)", bem como a exclusão do verso "A cocaína não vai chegar", de "Conexão amazônica". A censura sobreviveria até 1988, quando foi enterrada pela Constituição.

Em 1984, quando a Legião já preparava seu primeiro disco, a censura ainda se fez notar. Em meio às letras avaliadas, foram vetadas inicialmente "O reggae" ("E aprendi a roubar pra vencer") e "Baader-Meinhof Blues" ("O meu estado é independente"). Diziam que esta canção pregaria "violência, inconformismo, descrença no próximo, individualismo e crítica à Justiça, concluindo, com versos dúbios, seus sentimentos em estreita relação com o poder". Como conta Carlos Marcelo na biografia do vocalista, a letra acabou gravada com o aval de uma segunda turma de censores, que não viu mais problemas.

No estúdio, a banda, já com Dado Villa-Lobos na guitarra e Renato Rocha no baixo acompanhando Renato e o baterista Marcelo Bonfá, fazia o produtor José Emílio Rondeau vibrar com versos de "Será", alusivos a impasses românticos ou políticos. Meses antes, o sonho coletivo de antecipar a eleição direta para presidente, que levara multidões às ruas de várias cidades, fora adiado pela rejeição do projeto no Congresso.

Para as gravadoras, bandas como Legião Urbana e seus "padrinhos" Paralamas do Sucesso — cujo vocalista, Herbert Vianna, levou a fita demo daquela à EMI-Odeon — eram um investimento de baixo custo que não tardaria a render resultados. Nesse início de década pós-crise do petróleo, aquela nova geração era saudada por gravadoras em contenção de despesas, que até brigavam com o sindicato dos músicos para cortar seus pagamentos. "A gente tinha o estúdio com toda aquela tecnologia e uma banda, onde você não paga os músicos. Eles são os músicos!", lembraria o produtor da Legião, Mayrton Bahia, citado por Érica Magi no livro *Rock and roll é o nosso trabalho*. "Então era barato! Juntou tudo: a demanda, a necessidade de expressão do jovem..." Essa demanda seria saciada (e estimulada) por uma sequência de shows no mesmo mês do lançamento do disco de estreia da Legião.

Cidade do Rock, janeiro de 1985

O complexo de 250 mil metros quadrados no bairro carioca de Jacarepaguá sediou a maratona televisionada de shows que renovou a música no Brasil. O Rock in Rio, cuja canção-tema dizia "que a vida começasse agora, que o mundo fosse nosso de vez", atraiu estrelas estrangeiras, como AC/DC, Iron Maiden, Queen e Yes, e valorizou veteranos da MPB, como Gilberto Gil e Erasmo Carlos, um dos pioneiros do rock nacional. Como se não bastasse, o megaevento projetou nomes como Barão Vermelho, Kid Abelha, Paralamas do Sucesso e Lulu Santos, que saudou a redemocratização alterando dois sucessos: "Tempos modernos" ("Eu quero um novo começo de era/ De gente fina, elegante e sincera/ Com habilidade pra votar em uma eleição") e "De leve" ("Diretas/ Diretas/ Diretas e Maluf não"). As proezas do Rock in Rio, com o slogan "Dez dias de música e paz", foram bem resumidas pelo jornalista Ricardo Alexandre no livro *Dias de luta*: o evento conseguiu "colocar o Brasil na rota dos shows internacionais, apresentar um imenso público jovem à nação e elevar o pop brasileiro a outro nível de profissionalismo".

Na noite de 15 de janeiro, logo após a eleição indireta de Tancredo Neves, um Cazuza em verde e amarelo fechou o show de sua banda desejando ao público um "Brasil novo". Seus votos refletiam o anseio popular de que Tancredo desse uma guinada no país — já o governo confiava numa transição sem sobressaltos. "Sua eleição foi recebida com júbilo popular e, o que é interessante, um mínimo de preocupação entre os militares", comentou o historiador brasilianista Thomas Skidmore. "Ele era, todos praticamente concordavam, o líder ideal para recolocar o Brasil nas fileiras das democracias eleitorais." José Sarney, que trocara a base governista pela candidatura de Tancredo, consentiria. "Fizemos uma articulação militar que nos assegurava que não apenas tínhamos condições de ganhar as eleições, mas que também não haveria reação", afirmou o próprio Sarney duas décadas depois numa entrevista ao *Fantástico*, da TV Globo. O nome do ministro do Exército teria sido uma das escolhas decisivas rumo à abertura.

Quanto maior a expectativa, maior a frustração. A história brasileira recente não tem exemplo melhor desse adágio do que a ascensão e a queda do ânimo popular entre janeiro e abril de 1985. Vitorioso no Colégio Eleitoral, Tancredo atraía as massas discursando pelas "urgentes e corajosas mudanças políticas, sociais e econômicas, indispensáveis ao bem-estar do povo". Como mudar era o que mais se queria após duas décadas de arbítrio, a internação de Tancredo na véspera da posse — protagonizada por Sarney em 15 de março — e sua morte em 21 de abril demarcaram um período de comoção nacional citado na frase "Até aí morreu o Neves", no encarte do disco de 1987 da Legião.

Lançado às vésperas do Rock in Rio, o LP *Legião Urbana* foi bem recebido pela crítica. No *Jornal da Tarde*, Antônio Carlos Miguel avisava que a banda "traça um contundente perfil da juventude que cresceu sob a sombra do regime de 64", como "Geração Coca-Cola". "Radicais, coerentes, os rapazes do Legião Urbana abrem uma nova frente para o rock brasileiro, a das posturas política e existencial", concluía o jornalista. "Nem tudo é alienação no mundo do showbiz, como pode ser comprovado nesse retrato da juventude, filha da revolução." O crítico Jamari França, do *Jornal do Brasil*, também viu nas letras o diferencial da banda: "Renato tem um dos melhores textos do Rock Brasil, ele trabalha em duas vertentes principais: a análise de relações pessoais indo fundo nas causas de encontros e desencontros e o enfoque político com uma linguagem panfletária e combativa que passa em revisão os efeitos de vinte anos de autoritarismo sobre as gerações que nasceram e cresceram nesse período."

Os versos de Renato também entraram em sintonia imediata com o público. "Será" ("Será que vamos conseguir vencer?") fez sucesso ao expor uma hesitação com o futuro, em contraste com a certeza de "Geração Coca-Cola" de que os jovens dariam o troco ("Suas crianças derrubando reis"). "O sentimento predominante em 'Será', e nas demais faixas do primeiro disco da Legião Urbana, não é a revolta, mas sim o desamparo [...] e a necessidade urgente da criação de uma nova comunidade, sem depender de ninguém, já que ninguém nos protege", resumiu o antropólogo Hermano Vianna no texto da caixa dos seis primeiros álbuns, *Por enquanto* (1995).

Após "Será", as rádios emendaram sucessos como "Geração Coca-Cola", "Ainda é cedo" e "A dança". "Você não vai ligar o rádio um belo dia, sabe, e ouvir algo como 'Somos soldados, pedindo esmola, a gente só queria lutar'. Isso só [é possível] agora com a Legião", declarou à TV Globo um vaidoso Renato, que ilustrou a veia crítica da banda com um trecho de "Soldados", que a gravadora não queria no disco a princípio. Em agosto, a Legião se mudou para o Rio de Janeiro, terra natal do letrista e sede da EMI-Odeon e da influente Rede Globo.

Enquanto a Legião Urbana mudava-se de cidade, o Barão Vermelho trocava de vocalista. O LP *Maior abandonado* (1984) ainda fazia sucesso nas lojas e rádios — em especial "Bete Balanço" e seu lema "Quem tem um sonho não dança". Às vésperas de voltar ao estúdio, a banda foi sacudida pela notícia da saída de Cazuza. O cantor levou para sua carreira solo mais da metade das músicas que entrariam no quarto disco do Barão, cuja voz passou a ser a do guitarrista Roberto Frejat. "Queria ter um trabalho mais autoral, mais de intérprete, e em um grupo as decisões sempre são democráticas, tomadas por todos", explicou Cazuza. "Tenho um ego muito grande, não conseguiria dividir um palco ou um disco." As vendas de *Exagerado, Legião Urbana* e *Dois* — lançado em julho de 1986 — foram favorecidas pela alta do consumo proporcionada de imediato pelo Plano Cruzado. Em fevereiro, quando o IPCA, do IBGE, atingiu o recorde de 255,16% em 12 meses, o governo fez a reforma monetária que trocou o cruzeiro pelo cruzado, entre outras medidas: congelou preços, converteu salários pela média do salário real dos seis últimos meses e, para compensar uma inflação residual após a conversão, deu aumento geral de 8%, e, no salário mínimo, de 15%. Com maior ou menor peso da conjuntura econômica, as vendas de *Dois* refletiram a empatia de letras como "Eduardo e Mônica", "Tempo perdido" e "'Índios'". "'Nos deram espelhos e vimos um mundo doente, tentei chorar e não consegui' [de 'Índios'] é uma coisa mais universal e bate mais nas pessoas do que você ficar cutucando o dedo na ferida [como 'Que país é este']", comentou em 1989, no programa de televisão de Jô Soares, um Renato que se dizia mais lírico e menos apegado ao momento.

Estúdio da EMI-Odeon, setembro de 1987

Preparando o disco que se chamaria *Disciplina e virtude*, a Legião Urbana suspendeu a gravação em face de incertezas sobre o LP — seria leve ou pesado, acústico ou elétrico? — e o Brasil pós-Plano Cruzado II, que fez subir preços, tarifas e impostos. A banda optou pelo que o jornalista Arthur Dapieve, após entrevistar o vocalista, chamou de "pausa para reflexão". Com pouco mais de 20 anos, Renato se sentia desconfortável em assumir um papel que nunca cobiçara, mas que tantos lhe atribuíram: o de porta-voz dos jovens. Dizia que escrevia por nada saber da vida, e não o oposto. Diante das dúvidas no estúdio e da pressão para lançar um LP antes do Natal, gravaram músicas antigas.

Que país é este 1978/1987 trazia cinco letras da época do Aborto Elétrico: a faixa-título, "Conexão amazônica", "Tédio (com um T bem grande pra você)", "Faroeste caboclo" e "Química", já gravada pelos Paralamas. As outras foram escritas por Renato após 1982: "Depois do começo", "Eu sei", "Angra dos Reis" e "Mais do mesmo", que cantava um país de filme queimado ("E agora você quer um retrato do país/ Mas queimaram o filme"). O filme do Brasil estava mesmo queimado no fim de 1987. Além da inflação sem controle (IPCA de 363,4% ao ano) e da moratória da dívida externa junto a credores privados, o país lamentava o maior acidente radioativo do mundo fora de usinas nucleares: o descarte negligente de uma cápsula de césio-137 em Goiânia. No LP, Renato escreveu que "Tédio" não foi gravada antes devido à canção homônima do Biquíni Cavadão e avisou que "os mais modernos podem cantar Césio com um C, se desejarem".

Naquele 1987, ano em que dividiu com Chico Buarque o prêmio de melhor letrista de MPB pela Associação Brasileira dos Produtores de Discos, Cazuza escreveu quatro letras atentas à vida pública que entrariam em *Ideologia* (1988): "Um trem para as estrelas", "Brasil", "Blues da piedade" e aquela que veio a ser a faixa-título do disco. A primeira marcou a abertura de Cazuza para a crítica social e política ao questionar a invisibilidade dos problemas dos mais pobres, com "seus salários de fome". "Brasil" também ataca a exclusão de muitos e a falta de ética. Cazuza comentou que a música retratava a ótica da base da pirâmide de renda sobre o topo, no qual ele se percebia: "Sempre tive horror de política, mas tem coisas que você nem precisa saber, qualquer um vê." A concentração de renda subiu ainda mais no governo Sarney: em 1985, os 20% mais ricos tinham 25,25 vezes mais que os 20% mais pobres, e essa diferença cresceria para 33,57 vezes em quatro anos. "Blues da piedade" ("Agora eu vou cantar pros miseráveis/ Que vagam pelo mundo derrotados") rogava pela oferta divina de grandeza e um pouco de coragem para os miseráveis de recursos e sonhos.

"Ideologia" reunia lamentações do início ao fim: pela perda das ilusões, pela venda dos sonhos por pouco, pela capitulação do ideal juvenil de querer mudar o mundo, pela morte dos heróis e pelo poder dos inimigos. Em meio ao desalento do garoto que desiste de mudar o mundo e escolhe ficar em cima do muro como mero espectador, Cazuza clamava por uma ideologia como algo vital ("Ideologia/ Eu quero uma pra viver"). "A letra de 'Ideologia' fala sobre a minha geração, sobre o que eu acreditava quando tinha 16, 17 anos. E sobre como estou hoje", avaliou o cantor, citado em *Preciso dizer que te amo*. "Eu achava que tinha mudado o mundo e que, dali para a frente, as coisas avançariam mais ainda.

Não sabia que iria acontecer esse freio. É como se agora a gente tivesse que pagar a conta da festa."

A ideologia seria uma resposta ao "freio", fosse ele político — com a presidência acidental de Sarney diante dos anseios de mudança — ou comportamental. Perguntado sobre o retrato de uma época exposto em "Ideologia", o letrista declarou a Marília Gabriela que se assustava com o aumento do medo de se amar, com camisinha ou não. "Não adianta botar camisinha. Você bota a camisinha porque já está com medo", disse o autor do verso "Meu prazer agora é risco de vida". Nessa entrevista, definiu o político como muito brasileiro poderia ter feito: "É um ator, meio canastrão às vezes. É um cara que tem que convencer alguém de alguma coisa."

Em 1988, o governo Sarney era ruim ou péssimo para 65% dos moradores de dez capitais ouvidos pelo Datafolha (de 7% a 10% o julgavam ótimo ou bom). Cazuza, um dos insatisfeitos, eternizou sua crítica no bis da turnê de *Ideologia* com a ácida "O tempo não para". Vizinha aos debates acalorados da Constituinte, a CPI da Corrupção, instalada no Senado, apurou desvios de recursos federais e quis processar, em vão, Sarney e três ministros. Corrupção e impunidade davam as mãos.

O cantor, que fechou um show em 1985 enrolado na bandeira e entoando "Pro dia nascer feliz", decidiu três anos depois cuspir no símbolo lançado no palco do Canecão, onde gravou o disco ao vivo "O tempo não para". Criticado nos jornais pelo gesto, Cazuza escreveu uma carta-resposta, divulgada após sua morte, em que dizia conhecer o significado da bandeira, mas que só a amaria e respeitaria quando a ordem e o progresso se concretizassem. Um ano após o acidente nuclear em Goiânia, o Brasil voltou a colher a repulsa de nativos e estrangeiros com duas tragédias: a morte de três metalúrgicos da Companhia Siderúrgica Nacional, num confronto com o exército numa greve, e o assassinato do líder seringueiro Chico Mendes. Na economia, o luto vinha da inflação indomada: o IPCA acumulou 980,22% em 1988 (no ano seguinte, alcançaria nada menos que o dobro).

Nova York, fevereiro de 1989

Recém-saído de uma internação de 15 dias em Boston, Cazuza deu a entrevista em que revelava ter aids. Ao jornalista Zeca Camargo, ele contou ainda que não suportava mais a curiosidade alheia e que escondera a doença "por causa do público", para não sentirem pena. Suas dores seriam desabafadas nos versos de "Cobaias de Deus".

A letra de "Burguesia" atacava com leviandade a classe social de seu autor, mas teve o mérito de retratar o maniqueísmo comum em debates dos anos do Muro de Berlim, que atravessou a capital alemã e o eixo esquerda-direita até 1989. A crítica de Cazuza exprimia uma polarização herdeira da contraposição entre burgueses e proletários.

Em novembro, enquanto Fernando Collor era eleito após 29 anos sem eleições presidenciais, a Legião Urbana lançava *As quatro estações* depois de quase 1,5 milhão de cópias vendidas dos três primeiros discos. O disco tinha referências religiosas em "Quando o sol bater na janela do teu quarto" e "Monte Castelo", mas as principais referências eram políticas: a tortura oficial em "1965 (Duas tribos)", o desalento coletivo em "Há tempos" e a defesa de todos os amores em "Meninos e meninas".

Em entrevistas, Renato Russo comentava que *As quatro estações* buscava a espiritualidade como possível saída para os problemas. "A política está presente em tudo, mas as pessoas esquecem que a gente é uma banda que escreve canções de amor. A gente não faz só 'Que país é este' e 'Geração Coca-Cola'. É tudo isso que as pessoas lembram", disse no programa *Jô onze e meia*, no SBT. "Acho 'Eduardo e Mônica' mais importante. Acho o amor mais importante e que esse Brasil já chega, acabou. Agora é espírito, é Deus, é amor." A avaliação ecoava uma disposição de mudança já anunciada quando "Faroeste caboclo" ainda fazia sucesso nas rádios: "Não estou a fim de falar de enchentes, aids, governo. Quero cantar canções de amor, baladas íntimas, musiquinhas para cantar junto. Já desisti de fazer músicas para salvar o mundo. Eduardo e

Mônica estão divorciados." A terceira faixa de *As quatro estações*, "Feedback Song for a Dying Friend", embora tivesse sido escrita em 1985, remeteria quatro anos depois à agonia pública de Cazuza, que politizara a aids em gesto que impressionou o líder da Legião.

Logo depois da posse, Fernando Collor lançou um plano econômico para frear a inflação — o IPCA atingiria 82,39% naquele mês (e 1.972% em 1989). Com o bloqueio inesperado dos saldos bancários, pessoas físicas e jurídicas tinham retidos, durante 18 meses, 80% do que excedesse 50 mil cruzados novos. O Plano Collor trouxe de volta o cruzeiro como moeda (sem tirar três zeros desta vez), congelou preços e salários, cortou incentivos fiscais e extinguiu órgãos e estatais. Os efeitos colaterais incluíram a retração do PIB (-4,35% em 1990, maior recuo do país no século) e o aumento da taxa de desemprego, que saltou de menos de 4%, antes do Plano, para 6,41%, um ano depois.

O Plano Collor teve uma de suas vítimas em Renato Manfredini Jr., que viu bloqueado o dinheiro economizado para comprar um apartamento em Ipanema. No livro *Renato Russo: o trovador solitário*, Arthur Dapieve conta que seu sentimento de traído poderia dar a impressão de que ele votara em Collor — tinha se declarado eleitor de Roberto Freire, do PCB —, mas sua desilusão era outra: "Renato sempre tendia a acreditar nas boas intenções das pessoas. Fora assim com o presidente José Sarney."

Ipanema, 7 de julho de 1990

Naquela manhã de inverno, Cazuza morreu aos 32 anos no apartamento dos pais, vítima de um "choque séptico, consequência de uma agranulocitose, decorrência da aids" — assim relatava seu atestado de óbito. Nos dias anteriores, um edema pulmonar agravara a doença. Em oito anos, ele gravou 126 de suas letras em quatro discos com o Barão Vermelho (somando o do Rock in Rio) e seis solos, incluindo *O tempo não para* (ao vivo) e *Por aí* (póstumo). Mais de 60 letras ficaram inéditas e 34 já tinham sido cantadas por outros intérpretes — elas proliferaram desde então.

"Eu escrevia muito a minha vida, os lugares que eu ia, na minha praia, meu mundinho em volta da Lagoa Rodrigo de Freitas", comentou Cazuza ao *Jornal Hoje* em 1988. "De um ano para cá, passei a me preocupar em ver do lado de fora da janela, em ver o coletivo." Ao atentar para a vida pública, o autor de "Brasil" e "O tempo não para" espelhou anseios de muitos por um Brasil com menos corrupção e desigualdades.

Perguntado se sua obra poderia contribuir para o país de seus sonhos, Cazuza declarou um desejo bem difundido: "Todo mundo eu acho que tem o intuito de querer mexer um pouquinho nesse sonho, botar fogo nele. Sonhar acordado que é genial." Aludindo aos versos "Não me convidaram pra essa festa pobre", ele afirmou: "Vamos esperar uma festa melhor, em que todo mundo possa participar."

Horas após a morte de Cazuza, um show da Legião Urbana no Rio foi aberto com Renato Russo enumerando semelhanças entre eles ao saudar 60 mil espectadores. "Eu tenho mais ou menos 30 anos, sou do signo de Áries, nasci no Rio de Janeiro, gosto da Billie Holiday e dos Rolling Stones. Gosto de beber pra caramba de vez em quando. Também gosto de milk-shake. Gosto de meninas, mas também gosto de meninos. Todo mundo diz que sou meio louco. Sou cantor numa banda de rock'n'roll. Sou letrista e algumas pessoas dizem que sou poeta." Ovacionado, como se pode ver na transmissão disponível no YouTube, ele continuou: "Agora vou falar de um carinha. Ele tem 30 anos, é do signo de Áries, nasceu no Rio de Janeiro, gosta da Billie Holiday e Rolling Stones. É meio louco e gosta de beber pra caramba. É cantor numa banda de rock, é letrista e eu digo: é poeta. Todo mundo da Legião gostaria de dedicar esse show ao Cazuza." Parte do público soube da fatalidade ali. O cantor logo emendou um paralelo que já ouviram antes: "Parece cocaína, mas é só tristeza." Era o verso inicial de "Há tempos", que abria o disco e o show da turnê.

Meses depois, na primavera, uma dúzia de artistas subiu ao palco na Praça da Apoteose para um show-tributo a Cazuza que teve sua receita destinada ao tratamento de portadores do HIV.

Renato Russo, que descobriria ter o vírus dali a poucas semanas, lembrou o homenageado com uma versão tocante de "Quando eu estiver cantando", última faixa (e nada popular) do disco *Burguesia*. "Porque o meu canto é o que me mantém vivo", diz o verso final da canção, intercalada com o refrão de "Endless Love", hit de Lionel Richie muito apreciado por Cazuza. No desfecho do show, todos os convidados entoaram "Brasil" como se fosse o principal dos legados do cantor.

O disco *V* (1991), primeiro da Legião lançado direto em CD — em lugar do LP —, reflete a descoberta de Renato no fim do ano anterior e a frustração com o governo. "Decidimos fazer um disco completamente lento", disse Renato no livro de entrevistas de Leoni. "Pelo que estava acontecendo com a nossa vida, com o Collor etc., a gente não estava conseguindo fazer música pra cima." A abertura "Love Song" era uma cantiga de amor portuguesa do século XIII com o sugestivo verso inicial "Pois nasci nunca vi amor". Sintonizada à desilusão com Collor, como se viu no capítulo 3, "Metal contra as nuvens" fazia uma alusão sutil ao inimigo pessoal, a aids, mas os trechos repetidos evocavam o consumo de drogas, como também contou a Leoni: "Isso tem a ver com drogas, tranquilizantes, barbitúricos, Valium, heroína, que te deixam len-to e ar-ras-ta-do. Era um comentário musical em cima disso. Não muito a sério. E continha uma grande decepção em relação ao sucesso", declarou Renato, que evitara o formato de *As quatro estações*, o "disco com o formato mais pop de todos".

Havia versos de amor e referências às drogas em "A montanha mágica" ("És o que tenho de suave") e "L'Âge d'or" ("Já tentei muitas coisas, de heroína a Jesus"). E a juventude era retratada sem trabalho em "O teatro dos vampiros": "Os meus amigos estão todos procurando emprego/ Voltamos a viver como há dez anos atrás". A taxa de desemprego foi de 7,2% em 1992, mas em regiões metropolitanas o indicador do IBGE registrava 9,7%.

"No pop e no rock não adianta você ser panfletário. Eu não vou fazer o equivalente sonoro do Robert Mapplethorpe", disse

Renato à revista *Bizz* em 1992, citando o fotógrafo americano morto em 1989 em decorrência da aids. "Se eu falar do que está rolando, da miséria, da angústia, eu terei que falar disso duma maneira que não agrida, porque já existe muita, muita, muita agressão. Se a gente não tivesse tanta responsabilidade... Isso é uma coisa paradoxal e controvertida, as pessoas podem até me entender mal... Mas se nós não tivéssemos responsabilidade, com certeza estaríamos fazendo outras coisas." (Logo adiante, ele esclareceria melhor: "A gente não vai esquecer 'Que país é este', que era uma música adolescente boba e quase fode com a gente! Ou daquele show em Brasília vendo a garotada se matando.")

O CD foi distribuído à imprensa com texto do jornalista Ezequiel Neves, que proclamava: "Só quero que tomem nota: o réquiem para este milênio já está definitivamente gravado." Com muitas faixas melancólicas, *V* serviria como réquiem ao menos para o governo de Collor, cujo fim começou em maio de 1992, com denúncias do irmão do presidente sobre o tesoureiro de sua campanha ao Palácio do Planalto. Uma CPI concluiu, após dois meses e meio de apuração, que Collor recebia "vantagens econômicas indevidas" ao ter despesas pessoais pagas por PC Farias. Editoriais de jornais e até mesmo políticos aliados começaram a pedir a renúncia. Em pouco tempo, o lema "Fora, Collor" se popularizou em protestos em grandes cidades, com o coro de jovens à frente.

Sete de setembro de 1992

Com seu impeachment já pedido pela Associação Brasileira de Imprensa (ABI) e pela Ordem dos Advogados do Brasil (OAB), Collor foi vaiado no desfile militar do Dia da Independência. Após pane elétrica naquela noite em Natal, a Legião foi aplaudida por um show que teve todas as luzes acesas, inclusive na plateia, e que Renato consideraria o melhor da turnê do disco *V*. "A montanha mágica" durou três ou quatro vezes mais que a gravação original, sendo aquela sua versão "mais terrível (no bom sentido)", segundo Arthur Dapieve. Na manhã seguinte, após virar a noite bebendo, o vocalista se irritou ao saber que os companheiros de banda tinham saído para passear de jipe — julgou esse lazer um descaso profissional — e decidiu encerrar a turnê iniciada no mês anterior.

Para reduzir as perdas financeiras pelo fim da turnê, o trio resolveu lançar o álbum duplo *Música p/ acampamentos*, com gravações ao vivo desde 1985, à exceção de "A canção do senhor da guerra", sobra de estúdio só com o cantor. Ainda do fim do período militar, essa letra via a guerra como negócio lucrativo e útil ao controle populacional. A versão ao vivo da também antibelicista "Soldados" abria com versos de "Blues da piedade" e de "Faz parte do meu show". Após o fim abrupto da turnê em Natal, Renato despertou para uma luta contra o alcoolismo, inclusive nos Alcoólicos Anônimos, e os sintomas da aids, que tentou adiar com o AZT. Seus últimos anos foram de alta produção musical: de 1993 a 1996, gravou faixas aproveitadas em três discos da Legião (*O descobrimento do Brasil*, *A tempestade* e *Uma outra estação*) e três solos (*The Stonewall Celebration Concert*, *Equilíbrio distante* e *O último solo*).

Entre artistas como o Barão Vermelho e Ney Matogrosso, Renato participou do show *Pela vida*, organizado em julho de 1993, no sambódromo carioca, para arrecadar alimentos para a campanha contra a fome liderada por Betinho (dez toneladas foram doadas e o show foi exibido ao vivo pela TV Bandeirantes). Naquela noite, o vocalista da Legião subiu ao palco com dois recortes de notícias, das quais reclamou: uma sobre o linchamento de três rapazes confundidos com assaltantes e a outra sobre o reajuste que congressistas se deram tornando seus vencimentos equivalentes a 72 salários mínimos. Em seguida, entoou um pot-pourri aberto com "Que país é este" e fechado com "Há tempos".

De agosto a outubro, Renato voltou ao estúdio para o disco cuja faixa-título, "O descobrimento do Brasil", tomava a vida familiar como refúgio ("A gente quer é um lugar pra gente/ A gente quer é de papel passado/ Com festa, bolo e brigadeiro/ A gente quer um canto sossegado"). Era um contraponto ao soturno V. "Mesmo com toda essa sujeirada da CPI, a gente quer mostrar que este país não é só de corruptos", disse Renato, citando a CPI do Orçamento — o escândalo inspirou "Luis Inácio (300 picaretas)", dos Paralamas do Sucesso: "É lobby, é conchavo, é propina e jetom/ Variações do mesmo tema sem sair do tom". Sempre lamentando a superficialidade dos críticos, Renato ficou marcado por uma avaliação da época: "Houve uma crítica sobre *O descobrimento do Brasil* que decorei de tão ridícula: 'O Brasil descoberto pela Legião Urbana é tão decepcionante quanto as denúncias de corrupção da CPI.'"

Mais do que uma descoberta, o anseio da Legião era o de propor tal redescoberta. Essa aposta seria confirmada por Dado Villa-Lobos, como está registrado em *Canção, estética e política*: "Veio colocar que o Brasil em questão não era só o que era visto na tevê, com seus escândalos políticos e programas de formato duvidoso, e sim o Brasil das pessoas que trabalham, produzem e pensam no coletivo, se divertem, amam, brigam..."

A leveza de *O descobrimento do Brasil*, disco cheio de versos de fácil compreensão, visando inclusive aos filhos do trio, era interrompida pelo retrato de um país cheio de problemas em "Perfeição". Versos como "Vamos festejar a violência/ E esquecer a nossa gente/ Que trabalhou honestamente a vida inteira/ E agora não tem mais direito a nada" inspiraram o radialista Maurício Valladares a sugerir, em um dos programas *Ronca-ronca*, em 2006, que "Perfeição" fosse acrescida ao hino para protestar contra o estado do país. Ele lançou a ideia ao falar do assassinato do guitarrista Rodrigo Netto, dos Detonautas, após tentarem roubar seu carro no Rio.

Canções como "Perfeição" refletiam a disposição de Renato de gravar crônicas de seu tempo, mais que protestar. Ao ser perguntado no início da carreira sobre suas motivações para fazer "música de protesto" ou "rebelde", ele rejeitou esse olhar: "A gente não estava indo contra nada. Simplesmente estava falando o que sentia." Uma sensação que tinha era a aversão à hipocrisia local com relação ao retorno à democracia. "Era na época da abertura, da redemocratização, e continuavam as tropas de choque aqui", lembrara em 1988, em entrevista gravada na capital federal, contida no DVD *Rock Brasília: era de ouro*. "A gente falava das coisas da gente, do que sentia, mas não tinha só música política."

Numa entrevista para a *IstoÉ* pelo lançamento do disco solo *The Stonewall Celebration Concert* (1994), Renato disse que, "em se tratando da questão social do país, a situação nem é a mesma: está pior". Perguntado se o Brasil tinha jeito, ele logo rebateu: "Não tenho que responder isso" e "Se não acreditasse em nada, dava um tiro na cabeça como o [cantor] Kurt Cobain." De outra vez, lamentou a situação econômica à revista *Domingo*, do *Jornal do Brasil*: "Somos a segunda geração que está vivendo pior do que os pais. É muito chato ser formado, trabalhar e não poder dar uma festa de aniversário por falta de dinheiro."

O ano de 1994 foi um divisor de águas para a economia brasileira: o Plano Real pôs fim à hiperinflação a que muitos tinham se acostumado. A oitava mudança de moeda no Brasil, de cruzeiro real para real, foi precedida pela conversão dos preços à intermediária Unidade Real de Valor (URV), o que preservou o poder aquisitivo ao evitar a correção viciada de valores futuros pela inflação passada. O IPCA caiu de 47,43%, em junho, para 6,84%, em julho, e menos de 2,3% um ano depois. Enquanto isso, a seleção de futebol conquistava nos Estados Unidos o tetracampeonato sonhado havia duas décadas, Fernando Henrique Cardoso se elegia presidente ainda no primeiro turno e Renato demonstrava maior incômodo com o valor atribuído às suas opiniões.

"Os jornalistas chegam e perguntam o que a gente acha disso ou daquilo", comentou o cantor numa entrevista no auditório do *Programa livre*. "Cada um deve ter a sua opinião. Cria-se muita cobrança em cima disso. Durante muito tempo era uma coisa de 'profeta', 'messias', 'esse cara quer mandar na juventude'. E não é nada disso, fico quieto cantando as minhas músicas. Eu faço na primeira pessoa, não quero dizer como as pessoas devem viver." Ele ficara cético com a pretensão por mudanças coletivas, como declarou na mesma entrevista: "Acredito na mudança a nível de pessoas, uma coisa bem pequena mesmo. Nada de mudar o mundo, de governo nem nada. Então, isso se reflete um pouco no estilo das letras. No começo, era uma coisa muito grandiosa. Agora, não. A gente tenta fazer uma coisa tipo 'Hoje é um dia perfeito com as crianças' ['Um dia perfeito']. Só."

Brasília, janeiro de 1995

Ex-ministro da Fazenda, Fernando Henrique Cardoso tomou posse como presidente convocando um mutirão entre governo e sociedade "para varrer do mapa do Brasil a fome e a miséria". Também investiu contra o regime militar: "Vieram então os anos sombrios. Trouxeram progresso, mas para poucos. E depois nem isso, mas somente o legado de uma dívida externa que amarrou a economia, e de uma inflação que agravou as mazelas sociais na década de 80." O retrato desses anos sombrios em "1965 (Duas tribos)" fora comentado meses antes por Renato com a jovem plateia do *Programa livre*: "A música é basicamente sobre um momento no nosso país em que de repente fechou tudo e acho sempre importante lembrar que hoje a situação pode estar difícil pra caramba, mas a gente tem uma coisa muito preciosa, que é a liberdade. Até pouco tempo atrás, dependendo das ideias de seu irmão, seu pai, seu namorado, ia bater gente na sua casa para pegar essa pessoa e você nunca mais ia saber o que tinha acontecido com essa pessoa."

Treze dias depois da troca na presidência, Renato cantou 45 minutos deitado, sem que o vissem, naquele que seria o derradeiro show da Legião Urbana, em Santos. A extravagância no palco foi uma forma de protesto por terem atirado latas de cerveja nele. "Eu tinha uma postura agressiva porque não subo no palco para levar latas de cerveja na cabeça, tipo James Taylor", já tinha dito antes, numa entrevista para a revista *Domingo*.

Os meses seguintes foram dedicados à gravação de canções em italiano para *Equilíbrio distante*, inclusive uma versão de "Como uma onda", de Lulu Santos. Renato minimizava a Operação Rio, na qual militares e policiais ocuparam por seis meses regiões cariocas para combater a violência e o comércio de drogas. "Decidi tomar outras atitudes em vez de ficar pensando na violência. Pode parecer demagogia, mas quando parei de me drogar resolvi me limpar por inteiro. Não vou ficar falando de Operação Rio e ficar reclamando", declarou para Eliane Lobato, na revista *Sui Generis*. "Acredito em vibração e creio que essa é uma forma de contribuir também." Em outubro, no Dia de Nossa Senhora Aparecida, ficou chocado com a cena de um bispo da Igreja Universal do Reino de Deus chutando uma imagem da padroeira do Brasil na televisão, o que virou um caso policial. Notícias como essa tocavam Renato, que vivia problemas como a recaída no álcool, o que, segundo Arthur Dapieve, torna "ainda mais fantástico que o CD surgido naquelas condições fosse muito mais tranquilo que qualquer um da Legião Urbana".

Os seis primeiros discos, aliás, foram relançados em novembro de 1995 na caixa *Por enquanto*, com uma arguta retrospectiva da Legião escrita pelo antropólogo Hermano Vianna. Ele compara com precisão o álbum *Dois* às letras mais antigas, gravadas em *Que país é este*: "A irritabilidade foi se transformando em tranquilidade. A negação de tudo cedeu lugar à afirmação trágica do mundo." Vianna também recoloca a questão-título do terceiro disco: "Então: que país (ou que mundo) é este? Ninguém sabe. E a Legião Urbana se recusa a dar uma resposta. Como diz a letra de 'Mais do mesmo', composição de 1987: 'E agora você quer um retrato do país/ Mas queimaram o filme.'" Quase uma década depois, o filme voltaria a ficar queimado: em abril de 1996, a polícia matou 19 lavradores em Eldorado dos Carajás, no Pará, em protesto do Movimento dos Trabalhadores Rurais Sem Terra (MST).

A Legião dedicou o primeiro semestre de 1996 à gravação de 25 músicas, que acabaram repartidas entre *A tempestade (ou O livro dos dias)* e *Uma outra estação* (1997). Em *A tempestade*, lançado em setembro daquele ano, três semanas antes da morte do vocalista, não são as canções de amor que sobressaem, mas as de dor, como "Via Láctea" ("Quando tudo está perdido), "Música de trabalho" ("Sem trabalho eu não sou nada") e "Dezesseis", sobre a morte de um adolescente em um pega. O encarte abria com uma epígrafe com matizes tristes — "O Brasil é uma República Federativa cheia de árvores e gente dizendo adeus", de Oswald de Andrade — e acabava com os contatos de 27 entidades "consideradas de referência na defesa de diretos de crianças, jovens e mulheres" em uma dezena de cidades. A variedade desses contatos, como constara no CD *The Stonewall Celebration Concert*, era um reflexo, ainda que numa escala mínima, de um maior ativismo da sociedade civil após a redemocratização.

A citação de Oswald de Andrade que abria *A tempestade* estaria alinhada com uma declaração de Renato quando da divulgação do disco. Perguntado sobre os planos de um novo projeto solo, respondeu não saber o que ocorreria, mas cogitava se radicar no exterior: "Provavelmente, eu vou sair do país, vou embora para São Francisco, ficar lá uns dois meses e de lá vou para a Nova Zelândia." Sua predisposição teria duas gotas d'água ligadas ao meio musical: o cachê menor pago a Paulinho da Viola num show do réveillon carioca (outros cinco artistas que dividiram o palco receberam 3,6 vezes mais) e a desconsideração à obra dos Mamonas Assassinas, quando da morte de toda a banda num acidente aéreo. "Foi horrível, de qualquer forma", comentou Renato ao jornalista Ricardo Alexandre, do jornal *O Estado de S. Paulo*. "Aí depois vieram as enchentes, aí a chacina no Pará. E este disco novo, dizem, está tão melancólico, tão triste, tão não--sei-o-quê, que está perfeito para todos esses problemas que a gente está tendo de enfrentar." Com esse balanço pessimista do país, o cantor fechou uma de suas últimas entrevistas.

Ipanema, 11 de outubro de 1996
Naquela madrugada de primavera, Renato morreu em seu apartamento, aos 36 anos, por complicações pulmonares e renais derivadas da aids, que matara Cazuza seis anos e três meses antes. Nas últimas

semanas, nem saía de casa. Seu médico declararia mais tarde que ninguém negou ao cantor o direito de continuar doente em casa.

Iniciada em 1978 e lançada a partir de 1985, sua obra inclui treze álbuns da Legião Urbana (oito de estúdio, cinco ao vivo) e três solos: *The Stonewall Celebration Concert*, *Equilíbrio distante* e *O último solo*. Doze músicas do Aborto Elétrico foram lançadas pelo Capital Inicial em 2005 e, antes e depois, outras letras ganharam intérpretes como Cássia Eller e Flávio Venturini. Gravações caseiras, sobras de estúdio e duetos com outros artistas viriam a ampliar a discografia de Renato Russo com três coletâneas com maior valor documental do que musical. Já os lançamentos póstumos da banda incluem quatro discos ao vivo e *Uma outra estação* (1997), com letras ácidas como "As flores do mal" ("Volta pro esgoto, baby") e "La Maison Dieu" ("Eu sou a tua pátria que lhe esqueceu/ O carrasco que lhe torturou"). "Nunca poderemos esquecer/ Nem devemos perdoar/ Eu não anistiei ninguém" são versos de "La Maison Dieu" que ganham mais força à luz da reação de grupos de oficiais das Forças Armadas à Comissão Nacional da Verdade, ativa entre 2012 e 2014.

Acostumado com bandas jovens fazendo covers da Legião (principalmente dos primeiros LPs), Renato duvidava do impacto da banda nas gerações futuras. "Um lado meu desconfia que a Legião Urbana é um artista que vai ser muito influente em sua época, mas que de repente talvez não fique", disse em 1995 à *International Magazine*. "O fato de a Legião Urbana ter tido esse sucesso espetacular não quer dizer que a gente vá ficar." Parte da desconfiança vinha de seu foco no apelo direto ao público mais do que na riqueza de ritmos e harmonias: "A gente usou uma coisa de linguagem, de postura política, de estrutura, de vender disco, de subir no palco, de fazer show e de falar pra uma geração. Pelo menos a Legião, a gente nunca usou o ritmo e nunca usou as harmonias, só muito perifericamente." Essa opção deu tão certo que, desde 1996, a banda e seu vocalista continuariam nas rádios e com discos vendidos até em bancas — no fim de 2011, os CDs foram relançados pela editora Abril numa série de livretos.

Circo Voador, 19 e 20 de agosto de 2005

Um ano após 3 milhões de pessoas irem ao cinema assistir a *Cazuza: o tempo não para*, inspirado no livro da mãe do cantor, o Barão Vermelho dividiu o palco com seu primeiro vocalista no show registrado no Rio para o CD e DVD *MTV ao vivo*. A banda acompanhou Cazuza no telão, a partir da voz isolada da gravação original, na balada "Codinome Beija-flor" ("Você sonhava acordada/ Um jeito de não sentir dor/ Prendia o choro e aguava o bom do amor"). Essa versão se tornaria uma das músicas mais tocadas no rádio durante meses. "A plateia foi ao delírio", resumiu a biografia do Barão Vermelho, lançada em 2007 por Ezequiel Neves, Guto Goffi e Rodrigo Pinto.

A música seguinte foi "O tempo não para", clássico de Cazuza desde o ano da CPI da Corrupção do governo Sarney e que ganhava a voz do Barão Vermelho dois meses após estourar o escândalo do Mensalão. Um deputado federal acusara colegas de serem pagos para apoiar o governo Lula, gerando o processo em que 25 réus foram condenados em 2012 — entre eles, um ex-ministro-chefe da Casa Civil e um ex-presidente da Câmara dos Deputados. No julgamento, aliás, um advogado citou "O tempo não para" ao criticar o chefe do Ministério Público Federal por não ter provado o papel de uma ré — sua cliente — no esquema: "Senhor procurador-geral da República, a tua piscina está cheia de ratos, mas as suas ideias não correspondem aos fatos."

Versos de Cazuza e Renato têm sido citados em manifestações públicas as mais diversas, como naquela defesa no Supremo Tribunal Federal e num artigo intitulado "Ideologia, quero uma para esquecer", publicado na mesma época no *Jornal do Brasil*. Seu autor, o médico e escritor Paulo Rosenbaum, criticava o "discurso moralista dos que nada devem" e a ideia tão difundida de que "passaremos o país a limpo" com esse julgamento. "Quando Cazuza formulou sua famosa letra no álbum *Ideologia*, vocalizou e capturou perfeitamente o arquétipo de uma geração", notou. "A ruína do socialismo, a crise das religiões e a truculência capitalista nos lançaram no mesmo vazio com que filósofos, como Pascal e Nietzsche, já se deparavam em suas respectivas épocas."

A identificação popular com esses letristas também se verificou após os ataques de uma facção criminosa a instalações policiais em São Paulo, em maio de 2006. Em carta ao jornal *O Globo*, a leitora Sandra Borges da Silva expôs a indignação citando "Que país é este": "Em 1978, Renato Russo já dizia: 'Nas favelas, no Senado, sujeira pra todo lado. Ninguém respeita a Constituição!' Pois bem, nada mudou. [...] Fica difícil saber quem é mais perigoso: o bandido que põe a arma na nossa cara e nos ameaça em cada esquina ou o bandido que desvia verbas de remédios, da educação, da segurança." Cinco anos depois, no Rock in Rio, o mesmo hit foi dedicado por Dinho Ouro Preto, vocalista do Capital Inicial, para José Sarney, o então presidente de um Senado ainda rico em escândalos. O político rebateu afirmando que o cantor foi injusto, pois seu governo (1985-1990) contribuíra para "a maior liberdade de expressão que já tivemos no país".

Os 20 anos sem Cazuza foram lembrados pelo jornalista Fernando Barros e Silva, em coluna na *Folha de S. Paulo*, exaltando a importância histórica de sua obra. "Hoje já é possível ter alguma perspectiva histórica sobre as implicações desastrosas daquele período", dizia o colunista, aludindo à corrupção, inflação e desigualdade que a redemocratização permitia enxergar. "A experiência do revés, da frustração, do trauma, atravessa e marca a geração de Cazuza, do sexo à política. Há um sentido de urgência, uma espécie de s.o.s. histórico e subjetivo em suas canções — como em Renato Russo." Esses pedidos de socorro em forma de música ainda hoje têm eco na vida nacional.

Mané Garrincha, 29 de junho de 2013

Reconstruído por cerca de R$ 1,5 bilhão para ser uma das sedes da Copa do Mundo, o estádio Mané Garrincha foi palco de um espetáculo atípico para 45 mil pessoas naquela noite de inverno brasiliense. Passados 25 anos desde o show da Legião que fizera história pelo tumulto, seu cantor voltava ao papel de protagonista *post mortem*. Em forma de holograma — algo até então inédito no país —, a interpretação de Renato em "Há tempos" foi o auge do show que unia a Orquestra Sinfônica de Brasília a diversos artistas em versões de sucessos da banda.

Uma onda de manifestações varria várias cidades, sem paralelos desde as Diretas Já e o Fora, Collor. Primeiro, havia protestos contra reajustes de ônibus com serviços a desejar; depois, contra altos gastos oficiais na Copa, além de outras queixas. O apresentador Fabrício Boliveira, então no cinema como o herói do filme *Faroeste caboclo*, fez um apelo contra a violência entre policiais e manifestantes e pediu um minuto de silêncio pelos mortos nos protestos. Depois, Lobão entoou "Perfeição", obra pós-Collor que soaria tão atual outra vez: "Vamos celebrar nossa saudade/ E comemorar a nossa solidão".

No verão seguinte, a tecnologia usada para "reviver" Renato — e antes o rapper Tupac Shakur num festival na Califórnia — foi aproveitada em dois shows-tributo com o repertório de Cazuza, em São Paulo e no Rio. Após revivals de "Exagerado", "Amor, amor" e outras, o holograma se despedia com a projeção de uma bandeira do Brasil ao fundo, nem vestida nem cuspida. Na praia de Ipanema, o ator-apresentador Otaviano Costa rebateu xingamentos ao governador impopular com um "deixa disso" infeliz: "Aqui não pode fazer política, isso aqui é cultura." Nada soaria mais deslocado ali.

Pela força de suas obras, Cazuza e Renato foram aclamados porta-vozes de sua geração. Em artigos editados junto a seus obituários no *Jornal do Brasil*, o crítico Tárik de Souza via em Cazuza o "locutor impune da indignação no país dos sequestros" e em Renato a "genialidade poética de fio terra da raça e parabólica de geração". Como poucos, eles refletiram dilemas do indivíduo e da sociedade em seu tempo e dividiram, com tantos, ideias com que muitos se identificaram. A análise de suas letras e entrevistas demonstra o valor de seus discursos para ampliar a compreensão de um país que abriu os braços para a volta à democracia, mas não fechou os olhos à continuidade da corrupção, graves desigualdades e outras mazelas.

Suas obras reúnem crônicas da vida social e política de seu tempo. Os repertórios de Cazuza e Renato evidenciam o caráter duplamente social da arte, tão estudado por uns e tão sentido por outros: a arte exprime fatores do meio social tanto quanto modifica a conduta e a visão de mundo das pessoas. Em outras palavras, as letras exprimiam uma apreensão subjetiva da realidade e alteravam a experiência de seu público. "Precisamos escrever porque damos voz ao povo", dizia o poeta Pablo Neruda, citado pelo amigo e também escritor Carlos Fuentes em entrevista ao *Dossiê GloboNews* em 2012. Ainda que não vissem seu trabalho nesses termos, Cazuza e Renato deram voz a seu povo tal como Neruda se vira fazendo com os chilenos.

Embora mercadorias, aquelas canções estavam longe de levar a sociedade a uma alienação de si mesma, como temiam a dupla Adorno e Horkheimer, filósofos avessos à "indústria cultural", por eles definida. Pelo contrário: os compositores sabiam da repercussão das canções e buscavam efeitos nada alienantes em quem as consumia em discos e rádios. O refrão de "Que país é este" e o de "Ideologia" são exemplos da interlocução desejada com o público, convidado a abandonar uma postura passiva diante dos versos e a raciocinar sobre eles. A intenção não era "vender" ideias, mas registrá-las e compartilhá-las, como se vê na resposta de Renato a uma nota do *Jornal do Brasil* de março de 1986, segundo a qual ele teria dito num show que "agora parece que as coisas vão mudar mesmo", ao que a plateia, com média de 13 anos, supostamente "aplaudiu com convicção e aparente conhecimento de causa". Num texto de uma página, Renato rebateu a nota: "mesmo respeitando nosso voto de confiança quanto às mudanças em curso, o texto subestima nosso público e a inteligência dos jovens, como se fôssemos um bando de idiotas". Não subestimar o público foi uma das chaves para Renato e Cazuza terem tantos fãs entre as massas, às quais expuseram reflexões antes restritas à cultura letrada.

No último ensaio de *Sobre a literatura*, Umberto Eco assinalou que só há uma coisa que se escreve apenas para si mesmo: a lista das compras. De resto, tudo seria escrito para dizer algo para alguém. A ideia se aplica, por óbvio, aos autores de "Por que a gente é assim" e "Será". O escritor italiano adverte que se deve desconfiar de quem diz não mirar um público — seria, em suas palavras, um "narcisista desonesto e mendaz". O teor confessional de criações de ambos não deve ser confundido com um desapego ao crivo alheio. Pelo contrário.

Com carreira mais longeva entre os dois, Renato diria que os critérios para a qualidade de um rock — e isso deve valer para outros ritmos — é sua originalidade, além da sinceridade do artista: "Se sua expressão pessoal for inédita e criativa, se o artista consegue expressar o que todos os jovens sentem, mas não conseguem dizer, aí então teremos rock, que não é só um ritmo ou uma batida: é uma atitude." É indiscutível que ele e Cazuza foram tão originais quanto sinceros; daí talvez a capacidade de comunicação atingida por ambos. Outra possível explicação pode estar num instigante aforismo da dançarina inovadora Martha Graham: "Nenhum artista está à frente de seu tempo. Ele é o tempo; o que acontece é que os outros estão atrasados no tempo."

O legado dos dois cantores e compositores foi além da trilha sonora para tantas vidas. Após perder Cazuza, a mãe Lucinha Araújo fundou a Sociedade Viva Cazuza, que assiste crianças e jovens infectados pelo HIV, e lançou os livros *Cazuza: Só as mães são felizes*, *Preciso dizer que te amo* (ambos com Regina Echeverria) e *O tempo não para: Viva Cazuza* (com Christina Moreira da Costa), cujos direitos autorais são revertidos à entidade, também aberta a doações de pessoas físicas e jurídicas. A biografia, aliás, inspirou o filme *Cazuza: o tempo não para* (2004) e o musical *Cazuza: pro dia nascer feliz* (2013). Já Renato motivou duas biografias (*O trovador solitário*, de Arthur Dapieve, e *O filho da revolução*, de Carlos

Marcelo) e uma coletânea de entrevistas, além de outra de frases reunidas em verbetes. Além do documentário *Rock Brasília: a era de ouro* (2011), de Vladimir Carvalho, sua obra está presente no drama *Faroeste caboclo* e na cinebiografia *Somos tão jovens*, ambos de 2013 (neste último caso, mais do que a obra, é sua vida que ganha o primeiro plano). Há muitos anos se comentam planos de lançar uma adaptação cinematográfica de "Eduardo e Mônica".

No território livre da internet, não param de crescer as referências a Cazuza ou Renato Russo. Uma busca por seus nomes no Google, no início de 2015, acusava mais de 4 milhões de resultados para "Cazuza" e 3,5 milhões para "Renato Russo". Para dar uma noção desse total, registre-se que a busca pelo nome de Herbert Vianna, que segue à frente dos Paralamas do Sucesso há mais de três décadas, aponta 300 mil resultados.

Em universidades, suas letras renderam estudos que enriquecem sua leitura, mas carecem de mais atenção às relações entre texto e contexto. Ao contrário dessas pesquisas, esta preferiu justapor versos e a prosa das entrevistas, privilegiando o significado das canções à luz do momento histórico. E busquei evitar a armadilha dos reducionismos sobre atividades culturais, não tomando as obras como fontes e documentos de um percurso histórico, mas como relatos que o fixam em palavras.

Três décadas após o show do Barão no Rock in Rio e do lançamento do disco *Legião Urbana*, é significativo que tantas letras continuem atuais. "Eu vejo o futuro repetir o passado", cantou Cazuza, sensível inveterado. A democracia parece ter vindo para ficar, mas vários desafios do fim do regime militar seguem na agenda nacional, como o combate à miséria cantada em "Um trem para as estrelas" e a corrupção criticada em "Que país é este". Ao buscarem ser fiéis a suas percepções mais íntimas, os dois artistas deram voz a um povo em tempos de transição. Suas letras fizeram história por terem unido com originalidade dois entes passageiros por excelência — som e tempo — e são apreciáveis, hoje e amanhã, como testemunhos de um passado cada vez mais distante.

POSFÁCIO:
UM PAÍS EM TRÊS TEMPOS

"Que país é esse, cara?" Foi assim que um xará do líder da Legião, o ex-diretor da Petrobras Renato Duque, se queixou ao advogado por ser preso na investigação de um megaescândalo de corrupção, em novembro de 2014. Por causa do episódio, a frase do clássico refrão — ligeiramente alterada, com "esse" em vez do "este" original — seria retomada dali a quatro meses. Desta vez, para dar nome às buscas e prisões — inclusive outra de Duque, pelo mesmo motivo — feitas pela Polícia Federal naquele 16 de março: operação Que País é Esse, nada menos do que a décima fase da operação Lava Jato, até então a maior investigação nacional de corrupção e lavagem de dinheiro, que teve como alvo dezenas de políticos, laranjas e executivos da Petrobras e de grandes construtoras.

Na véspera da operação policial, completavam-se três décadas da restauração da democracia, e uma manifestação ímpar se espalhou por cerca de 150 cidades, incluindo todas as capitais. A mobilização não teve a efeméride como motivação, mas foi sintomática de um ambiente democrático: pelos cálculos das PMs, mais de dois milhões de pessoas — um milhão na capital paulista — protestaram contra a corrupção e/ou o governo Dilma. Na avenida Paulista, em meio à massa com camisetas em tons da bandeira nacional, foi carregado um crucifixo preto com dizeres em branco; na trave horizontal, um lema: "Que país é esse?" Palavras como "inflação", "mentiras" e "juros" ocupavam as outras faces da cruz.

A indignação do executivo preso e a do criador anônimo do crucifixo têm causas distintas — antagônicas, até —, mas compartilham o modo como foram verbalizadas. No título do rock escrito em 1978 e gravado em 1987, a indagação não se revelaria datada. O verso da canção, inclusive, ecoava o desabafo de um político em 1976. No governo Geisel, o presidente da Arena, Francelino Pereira, disparou um "Que país é esse?" para criticar quem duvidava da meta do presidente de realizar eleições diretas de governador dali a dois anos — elas só ocorreriam seis anos depois, após o endurecimento do regime.

O país chocado com a corrupção de Duque e outros não é o mesmo que duvidou do ritmo da reabertura política. Houve várias mudanças — tanto quanto continuidades — numa nação que cada vez mais mostra sua cara, como atendendo ao apelo do famoso refrão. Daí ser tão sugestiva uma comparação do Brasil de Cazuza e Renato Russo com o das gerações que vieram logo antes e depois. Partindo de 1990 — ano da morte de Cazuza, da turnê do LP *As quatro estações* e da posse de Collor —, é instigante recuar e avançar um quarto de século e notar entrelaces da canção com a história. São como três países distintos.

Brasil, 1965

Como os clubes reclamavam da baixa bilheteria nos estádios, a transmissão dos jogos do campeonato paulista de futebol foi proibida aos domingos. Para preencher essa lacuna, a TV Record pôs no ar, em agosto de 1965, um programa musical apresentado pelos cantores em alta Roberto Carlos, Erasmo Carlos e Wanderléa. A ideia inicial era chamá-lo de *Festa de arromba*, mas vingou o nome *Jovem Guarda*, saído oficialmente de um discurso no qual o líder soviético Lênin atribuía o futuro do socialismo à juventude. Mas uns diriam que vinha do título da coluna social de Ricardo Amaral no jornal *Última Hora*.

O programa, que rivalizaria com o *Festival da juventude* (TV Excelsior), logo virou sucesso em São Paulo — e depois em outras capitais —, onde popularizou não só seu repertório, mas também elementos de identidade, como gírias e roupas. Seu nome acabou vinculado a vários cantores e bandas precursores do rock brasileiro. Esses ídolos jovens traduziam canções dos Beatles e de outros artistas anglófonos, com temas em geral românticos e até melosos. O disco de Roberto Carlos lançado naquele ano se chamou *Jovem guarda* e trouxe "Quero que vá tudo pro inferno", com versos que eram cantados em coro para fechar a maioria dos programas: "De que vale o céu azul/ E o sol sempre a brilhar/ Se você não vem/ E eu estou a lhe esperar/ Só tenho você no meu pensamento/ E a sua ausência é todo meu tormento/ Quero que você me aqueça neste inverno/ E que tudo mais vá pro inferno..." No início do ano seguinte, a canção superaria "Help", dos Beatles, nas rádios brasileiras.

Num país nos primórdios de uma ditadura, a Jovem Guarda foi tida por ouvintes mais engajados como alienada, pois passou ao largo de questões como autoritarismo e desigualdade social. A falta de um posicionamento político conviveu com um quê rebelde no comportamento, da recente liberação sexual e de novos hábitos de consumo. "Os cabelos compridos, as cores chamativas, o apelo individualista e uma espécie de 'não estou nem aí' para o que estava no entorno foram formas criativas de a JG se constituir e lutar pelo poder, pelo poder de dizer/cantar no campo da música popular brasileira", assinalou a pesquisadora Heloisa Mendes, que nota nesse grupo mais do que uma mera "rebelião romântica". Em vez de se oporem à exclusão alheia, atacavam a própria exclusão na cena musical.

O êxito da Jovem Guarda foi creditado à maior industrialização e urbanização do país. Filhos da classe média baixa — muitos imigrantes vindos de áreas rurais — desejariam se parecer "jovens da cidade", como os filhos da classe média mais tradicional e, para críticos como José Ramos Tinhorão, mais americanizada. "A gente já levava cinco mil pessoas para um ginásio da periferia antes do estouro do programa", contou Erasmo Carlos a Marcelo

Fróes para o livro *Jovem Guarda: em ritmo de aventura*. "Mas era uma coisa muito popular, a elite estava mais preocupada em cultivar a bossa nova e o jazz."

Se a Jovem Guarda não foi propriamente um "movimento" — com um projeto veiculado em programas, manifestos e performances — o mesmo vale para a bossa nova e uma cria de sua segunda geração: a MPB. Em abril daquele 1965, o público do I Festival de Música Popular Brasileira, da TV Excelsior, vibrou com a vitória de "Arrastão", parceria de Edu Lobo e Vinicius de Moraes, defendida por Elis Regina aos 20 anos e reputada como marco inaugural da MPB. Essa sigla de autoafirmação do som nacional englobaria um repertório heterogêneo que ganhou fãs em festivais como aquele, nos quais músicas de protesto dariam vazão à insatisfação com o rigor dos militares.

Nos bastidores do júri do festival da Excelsior, um diretor do patrocinador — a divisão têxtil da Rhodia — fizera lobby em prol de "Rio do meu amor", tributo aos 400 anos da ex-capital federal interpretado por Wilson Simonal e que levou o quinto lugar. Ainda assim, nove dos dez jurados preferiram "Arrastão", ode à lida de um pescador, com um arranjo contagiante, que soaria como reação da juventude à ditadura. "Não houve aqui vencidos nem vencedores", disse o cantor Cyro Monteiro, citado por Zuza Homem de Mello em *A era dos festivais: uma parábola*. "Quem ganhou foi a nossa música."

Com o aumento da repressão e da censura, alguns artistas que despontaram em meados daquela década sairiam do país, como Chico Buarque e Geraldo Vandré, ou seriam presos, como Caetano Veloso e Gilberto Gil, líderes da Tropicália. Meses antes da edição do funesto AI-5 e da prisão da dupla tropicalista no fim de 1968, saíra do ar o programa hoje clássico, já sem Roberto Carlos no comando.

"O programa *Jovem Guarda* cumpriu suas finalidades e até ultrapassou a expectativa desse movimento. Jovem Guarda quer dizer renovação, porque é sinônimo de juventude, como uma corrida de revezamento, entende?", declarou Roberto Carlos à época. "Um vai passando o bastão para o outro, só que esta corrida não tem fim, porque a juventude é eterna, dinâmica, e, graças aos céus, tem sempre fome de coisas novas."

Brasil, 1990

Na estreia da MTV Brasil, em 20 de outubro de 1990, o primeiro clipe exibido foi um remix de "Garota de Ipanema" na voz de Marina Lima. Mas, por problemas no áudio, quem estava no Rio de Janeiro assistiu à cantora ao som de "Walk of Life", do Dire Straits. O canal musical americano nascido em 1981 ganhava sua versão nacional numa investida do grupo Abril na televisão aberta, atrás de algo comum no mercado das revistas: a segmentação de público (jovens urbanos brasileiros, nesse caso). A TV a cabo chegaria aqui um ano depois e, se não lançasse seu canal em 1990, a Abril perderia uma concessão obtida cinco anos antes. Um dos clipes mais reprisados pela recém-nascida MTV foi de "O poeta está vivo", balada do Barão Vermelho que se tornou a homenagem-mor ao seu ex-vocalista falecido poucos meses antes. "Mas quem tem coragem de ouvir/ Amanheceu o pensamento/ Que vai mudar o mundo com seus moinhos de vento", diz o belo refrão.

Quando viu o corpo magro do filho pela última vez, inerte na cama, Lucinha Araújo fez o que muitas mães teriam feito em seu lugar: torceu por um milagre. "Como as crianças que acreditam em Papai Noel, eu acreditava, todos acreditávamos, que um milagre pudesse acontecer", relatou em *O tempo não para: Viva Cazuza*. "Um imenso vazio e a sensação de amputação marcaram minha existência nos dias e nos meses que se seguiram à sua morte." Não tardou para aquele vazio ser preenchido pela assistência a crianças e jovens com HIV.

Uma das melhores sínteses sobre Cazuza talvez seja a do jornalista Nelson Motta na introdução do primeiro songbook do cantor, lançado ainda em 1990: "Poucos terão, como Cazuza, vivido, aprendido e ensinado tanto em tão pouco tempo. Poucos terão dado tanto de si para a vida — em forma de total e vertiginosa entrega às grandezas e misérias da condição humana — e para a arte — em que transformou o que viveu tão intensamente com talento, coragem e determinação." Um alento para sua partida poderia vir de "Cartão postal", de Rita Lee e Paulo Coelho, que ganhou sua voz: "Pra quê/ Sofrer com despedida?/ Se quem parte não leva, Nem o sol nem as trevas/ E quem fica não se esquece/ Tudo que sonhou."

Naquele ano de luto na música brasileira, ares de mudança tinham movimentado nossa política, economia e — também a reboque delas — a cultura. O brasileiro voltou a ver a posse de um presidente eleito democraticamente. Também se surpreendeu com o governo anunciando um bloqueio de saldos bancários sem paralelo. Artistas do rock nacional viram a ascensão de uma geração de sertanejos ofuscá-los. "O governo Collor tirou nossos espaços na mídia", disse Lulu Santos a Arthur Dapieve, que o cita em *BRock*. Ele se referia a palcos como o do programa Globo de ouro, que a tv Globo exibiu de 1972 a 1990.

Nos shows da turnê da Legião Urbana, o público cantava seus sucessos em meio a novidades do disco *As quatro estações*, do ano anterior. Entre elas estava "1965 (Duas tribos)", cujo título remetia a duas décadas e meia antes e cuja letra aludia à tortura que se tornara passado. Em outros palcos, a banda paulistana Ultraje a Rigor apresentava o disco *Por que Ultraje a Rigor?*, cheio de covers como "Twist and Shout" (eternizada pelos Beatles), "Vem quente que eu estou fervendo" (cantada por Eduardo Araújo) e "Os sete cabeludos" (do repertório de Roberto Carlos). A Jovem Guarda ainda tinha sua vez. Tanto que a versão dos Engenheiros do Hawaii para a originalmente italiana "Era um garoto que como eu amava os Beatles e os Rolling Stones" (gravada pelos Originais em 1967) foi um dos estouros de 1990, junto a canções como "Evidências", da dupla Chitãozinho & Xororó, que iniciava com "Quando eu digo que deixei de te amar/ É porque eu te amo".

No especial pelo aniversário de cinco anos da mtv Brasil, Renato Russo elogiou a emissora pelo jornalismo isento, que não cedia aos "poderes constituídos". "A MTV não julga, a MTV mostra, e acho que o verdadeiro jornalismo é isso", disse ele, que logo antes citou sua formação como jornalista e afirmou que talvez gostasse de trabalhar no canal. Quase ao fim do programa, Renato reaparecia animado e entoando a já folclórica canção de "Chegou a hora de apagar a velinha…". Ele não testemunharia o aniversário seguinte.

Brasil, 2015

Em depoimento ao programa *Áudio retrato* (canal BIS), Erasmo Carlos fixou para a posteridade que era justificável a percepção da Jovem Guarda como alienada. Para ele, a acusação fazia sentido devido às baixas escolaridade e renda dele e de seus pares — já os artistas da MPB seriam, a seu ver, universitários de famílias com mais recursos, logo, mais atentos à política. Após dizer que ignorava à época o que era o comunismo e a democracia, o cantor elogiou a contribuição da Jovem Guarda citando Caetano Veloso. "Ele falou que 'Eu quero que vá tudo pro inferno' é uma música muito mais contestatória do que quase todas as músicas que foram feitas na época pelo pessoal que fazia esse tipo de música", recordou Erasmo, se declarando feliz com esse reconhecimento. "É uma música que tem um grito de época, um grito de liberdade."

Ainda é cedo para dizer se uma canção ou outra teria o "grito de época" de meados desta década. No ano em que se celebram três décadas da primeira edição do Rock in Rio, músicos que subiram ao palco em 1985, como Erasmo Carlos, foram anunciados como atrações. Nesses tempos em que bastam uns cliques para conhecer novos rostos na cena musical, é improvável que a sexta edição carioca do festival revele nomes e impulsione carreiras, como foi o caso do Barão Vermelho.

Na ausência de um "grito de época", manifestantes contrários à corrupção e ao atual governo foram às ruas reciclando hinos de outras décadas. "Que país é este" é uma referência recorrente nos protestos, mas os repertórios de Renato Russo e Cazuza têm muito mais críticas sociais e políticas à disposição. Presente na manifestação de 15 de março em Brasília, a irmã do líder da Legião, Carmen Manfredini, citou como atuais os versos de "Perfeição" e "Teatro dos vampiros". "Como dizia aquela música do Renato: 'Os meus amigos todos estão procurando emprego.' É bem isso mesmo", disse Carmen ao jornal *O Globo*. "Amigos meus que tinham um poder aquisitivo tranquilo estão com problemas com as suas empresas ou sem trabalhar."

A indagação sobre qual Brasil é este não se restringe aos cidadãos em protestos, em festivais de rock e, muito menos, logo antes de serem detidos. Numa revista que estava nas bancas quando aconteceram as manifestações e teve início a operação Que País é Esse, o executivo François Dossa, presidente da montadora Nissan no Brasil, fazia a si o mesmo questionamento. Ao lamentar a necessidade de reformar uma fábrica ainda nova dada a iminência de um racionamento de água e luz, ele citou sua dificuldade de explicar o Brasil aos japoneses: "Que país é este? Não é sério", opinou, para então atacar a falta de planejamento e sinceridade dos governos. (Ele ecoava ainda a frase "O Brasil não é um país sério", cunhada por um ex-embaixador brasileiro na França e popularmente atribuída ao ex-presidente francês Charles de Gaulle.) Se a compreensão do Brasil é um desafio para quem o vê de longe, não é diferente para quem o vive e o documenta em prosa ou verso.

AGRADECIMENTOS

A Cazuza, Renato Russo e a professora Santuza Cambraia Naves (*in memoriam*). A Lucinha Araújo e Christina Moreira (Sociedade Viva Cazuza), e a Giuliano Manfredini e Leonardo Rivera (Legião Urbana Produções Artísticas). A Ana Clara Werneck, Andréia Amaral e Letícia Féres (Civilização Brasileira) e a Gabriel Schünemann Dantas. À equipe do arquivo do jornal *O Globo*. Aos mestres de ontem e hoje na PUC-Rio e UFRJ. A Arthur Dapieve, Daniel Moutinho, Paulo Roberto Pires, Silvio Essinger e Thiago Lacaz. A Albenides e Marilia Ramos, Mariangela, Guilherme e Wiliam Fuly. E sobretudo a Lis Vilaça.

HISTÓRIAS CRUZADAS

	Cazuza e Renato Russo	Brasil
1958	Agenor de Miranda Araújo Neto (Cazuza) nasce no Rio de Janeiro (4/abril).	Nasce a bossa nova: João Gilberto inova em seu compacto Chega de saudade e no LP *Canção do amor demais*, de Elizeth Cardoso.
1960	Renato Manfredini Jr. (Renato Russo) nasce no Rio de Janeiro (27/março).	Inauguração da capital Brasília, cujas obras geraram denúncias de corrupção (21/abril).
1964		Militares destituem presidente João Goulart sob alegação de "ameaça comunista" (abril).
1968		Ato Institucional no 5 (AI-5) limita liberdade de expressão e fecha o Congresso (13/dezembro).
1969	Família de Renato volta ao Rio após dois anos morando em Nova York (2º semestre). João Araújo, pai de Cazuza, funda e preside a gravadora Som Livre (dezembro).	Caetano Veloso e Gilberto Gil são soltos após dois meses presos no Rio de Janeiro (19/fevereiro). Partem para exílio em julho.
1973	A família Manfredini muda-se para Brasília.	
1974		Começa censura prévia de rádio e televisão. Ernesto Geisel ocupa a Presidência (15/março).
1975	Renato é diagnosticado com epifisiólise, que o deixa um ano e meio sem poder andar.	O jornalista Vladimir Herzog morre sob custódia militar em São Paulo (25/outubro)

1978 Professor na Cultura Inglesa, Renato saúda o príncipe Charles (13/março). Cria o Aborto Elétrico com André Pretorius e "Fê" Lemos.

Cazuza passa a fazer textos de divulgação na Som Livre, com o salário pago pelo pai.

1979 Cazuza vai estudar fotografia na Califórnia, mas não conclui curso (abril-outubro).

1981 Estudante de teatro, Cazuza junta-se ao Barão Vermelho, com Roberto Frejat, Guto Goffi, Maurício Barros e André Cunha (Dé).

1982 Aborto Elétrico acaba e Renato se apresenta como Trovador Solitário até criar a Legião Urbana com o baterista Marcelo Bonfá.

LP *Barão Vermelho* é gravado (maio).

1983 Dado Villa-Lobos vira guitarrista da Legião (março) e trio grava sua primeira fita-demo.

LP *Barão Vermelho 2* é gravado (abril-junho).

1984 Barão grava tema do filme Bete Balanço e LP *Maior abandonado*.

Com Renato de pulsos cortados, LP *Legião Urbana* é feito com Renato Rocha no baixo.

Metalúrgicos em São Bernardo do Campo realizam primeira greve após o AI-5 (maio).

Geisel revoga o AI-5 (31/dezembro).

João Figueiredo sucede Geisel (15/março) e sanciona Lei de Anistia (28/agosto).

Explodem no Riocentro duas bombas que o governo queria atribuir a adversários (1º/maio).

Eleições diretas para governador, prefeito (exceto para as capitais), senador, deputado federal e estadual (novembro).

Comícios das "Diretas Já" reúnem 1 milhão de pessoas no Rio (10/abril) e cerca de 1,5 milhão em São Paulo (16/abril).

1985	Barão toca no Rock in Rio (15 e 20/janeiro) e os shows rendem disco *Ao vivo* em 1992.	José Sarney assume cargo do presidente eleito Tancredo Neves, morto após 38 dias internado (abril).
	Cazuza troca Barão por carreira solo (julho) e grava LP *Exagerado* (setembro), que teve "Só as mães são felizes" vetada pela censura por versos com "michê", "puta" e incesto.	
	Legião Urbana muda-se para o Rio (agosto).	
1986	Cazuza faz primeiro show solo (17/janeiro) e grava LP *Só se for a dois* (2º semestre).	Plano Cruzado congela preços, favorecendo vendas de itens como os LPs (28/fevereiro) e eleição de governadores aliados (novembro).
	Legião grava LP *Dois* (1º trimestre).	
1987	Cazuza descobre estar com aids (26/abril) e viaja para se tratar em Boston (4º trimestre).	Assembleia Constituinte é aberta (1º/fevereiro).
	Legião grava disco *Que país é este 1978/1987* (outubro).	Taxa de inflação tem média anual de 166% entre 1978 e 1987.
1988	Cazuza grava LP *Ideologia* (janeiro-fevereiro) e o disco ao vivo *O tempo não para* (outubro).	Senado instala Comissão Parlamentar de Inquérito [CPI (10/fevereiro)], cujo relatório final pede impeachment e ação contra Sarney.
	Show da Legião em Brasília acaba com prisões, feridos e depredações (18/junho). Renato Rocha deixa banda (dezembro).	Constituição é promulgada (5/outubro) e Sarney ganha mais um ano de mandato.
1989	Cazuza revela ter aids em entrevista (abril) e grava álbum duplo *Burguesia* (abril-maio).	Fernando Collor vence 2º turno da primeira eleição direta para presidente após 29 anos (17/dezembro).
	Legião Urbana lança *As quatro estações* após 16 meses entre gravações e intervalos (novembro).	

1990	Cazuza retorna de Boston de vez (10/março) e morre em decorrência da aids (7/julho).	Collor torna-se presidente (15/março) e logo bloqueia depósitos bancários por 18 meses.
	Renato Russo descobre ter aids (dezembro).	
1991	Legião grava disco *V* (setembro-outubro).	
1992	Legião grava programa Acústico MTV (28/janeiro), que rende CD e vídeo em 1999, e lança álbum duplo *Música p/ acampamentos*, de gravações feitas desde 1985 (dezembro).	Câmara dos Deputados abre CPI que apura crimes do tesoureiro da campanha eleitoral do presidente (1º/junho) e aprova impeachment de Collor, que renuncia ao cargo, já então ocupado por seu vice Itamar Franco (29/dezembro).
1993	Legião grava disco *O descobrimento do Brasil* (agosto-outubro).	Plebiscito ratifica sistema presidencialista e Congresso realiza CPI mista do Orçamento, que pede cassação de 18 parlamentares.
1994	Renato grava seu primeiro disco solo, *The Stonewall Celebration Concert* (fevereiro-março).	Governo lança real como moeda (1º/julho) para combater inflação (46,58% em junho).
1995	Legião faz seu último show, em Santos (14/janeiro), e Renato grava disco solo *Equilíbrio distante* (fevereiro-novembro).	Fernando Henrique Cardoso, ex-ministro da Fazenda, assume a Presidência (1º/janeiro).
1996	Legião grava faixas de *A tempestade* e *Uma outra estação* (janeiro-junho) e Renato morre em decorrência da aids (11/outubro).	Dezenove trabalhadores rurais em protesto por reforma agrária morrem em 20 minutos de ação policial no Pará (17/abril).

BIBLIOGRAFIA

Cazuza e Barão Vermelho

Araújo, L. *Preciso dizer que te amo* (texto: Regina Echeverria). São Paulo: Globo, 2001.

Araújo, L. *Cazuza: Só as mães são felizes* (em depoimento a Regina Echeverria). São Paulo: Globo, 2004.

Araújo, L. *O tempo não para: Viva Cazuza* (depoimento a Christina Moreira da Costa). São Paulo: Globo, 2011.

Araújo, L.; Araújo, J. (idealização). *Cazuza* (site oficial). (*www.cazuza.com.br*)

Camargo, J. C. "Cazuza tem vírus da aids mas diz estar com 'saúde ótima'". *Folha de S.Paulo*, 13/02/1989. p. E-6.

Castello, J. "A força do sofrimento". *Jornal do Brasil/B*, 24/04/1988.

Cazuza. Entrevista a Leda Nagle. *Jornal Hoje*. 1988.

Cazuza. Entrevista a Marília Gabriela. *Cara a cara*. 1988.

Dumar, D. "Cazuza de corpo e alma". *O Globo/Segundo Caderno*, 14/01/1988. p. 1.

Finatti, H.; Mendes, M. "O som e a fúria". *IstoÉ*. São Paulo, 01/11/1989.

Fortes, M. "Lula no quarto de Cazuza em Boston". *O Globo*, 17/12/1989. p. 7.

França, J. "O poeta do Baixo". *Jornal do Brasil/B*, 04/04/2001. p. 1.

França, J. "O que falam de Cazuza". *In*: Cazuza: Todo amor pelo poeta. Disponível via *www.todoamorpelopoeta.tananet.net*. Acesso: nov./2005

Guedes, J. "Cazuza inventa o amor". *O Globo*, abr. 1987.

Hidalgo, L. "Parceiros de Cazuza processam PRN". *O Globo*, 12/11/1989.

Julião, R. B. *Segredos de liquidificador*: Um estudo das letras de Cazuza. Dissertação de mestrado (Literatura Brasileira), UFRJ, 2010.

Leite, C. A. "Cazuza, 'neofossista', mas pop". *O Globo/Ipanema*, 13/04/1987. p. 22.

Mansur, L. C. "Cazuza: Os amores do lobo mau". *Jornal do Brasil/B*, 20/03/1987.

Marques, C. J.; Rocha, E. F. da. "Eu vou bem. O Brasil vai mal". *IstoÉ*. São Paulo, 09/11/1988.

Motta, N. "O poeta de sua geração". *In* Chediak, A. *Songbook Cazuza v. 1*. Rio de Janeiro: Lumiar, 1990. p. 8-9.

Neves, E; Goffi, G., Pinto, R. *Barão Vermelho: Por que a gente é assim*. São Paulo: Globo, 2007.

O Globo. "O Vietnam da Amazônia" *O Globo/Segundo Caderno*, 16/07/1990. p. 1.

Rodrigues, A. "Nas baladas da vida". *IstoÉ*. São Paulo, 01/04/1987.

Silva, F. B. e. "Cazuza, 20 anos depois". *Folha de S.Paulo.* 10/07/2010. p. A-2.

Silveira, J. R. *Renato Russo e Cazuza: A poética da travessia.* São João del-Rei: Malta Editores, 2008.

Souza, T. de. "Com o fio da lâmina bem afiada". *Jornal do Brasil,* 08/07/1990. p. 14.

Stycer, M. "Geração de céticos perde ídolo". *Folha de S.Paulo.* São Paulo, 08/07/1990. p. C-3.

Vanna, P. F. A. *Do cotidiano à poesia: Os anos 80 no rock de Cazuza e Renato Russo.* Dissertação de mestrado (Literatura Brasileira), UFF, 2003.

Veja, "Duelo arretado". *Veja.* São Paulo, 01/02/1989.

Viva Cazuza. Show tributo na Praça da Apoteose. Rio de Janeiro, 17/10/1990.

Xexéo, A. "A nova ideologia de Cazuza". *Jornal do Brasil/B,* 12/01/1988. p. 1.

Renato Russo e Legião Urbana

Alexandre, R. "Nunca mais os filhos da revolução". *O Estado de S. Paulo,* 26/09/1996.

Araújo, C. "Fascista não tem nada a ver com rock'n'roll". *Correio Braziliense,* 17/11/1985.

Assad, S. (coord. editorial). *Renato Russo de A a Z: As ideias do líder da Legião Urbana.* Campo Grande: Letra Livre, 2000.

Berman, D. "Renato Russo assume total". *Manchete.* Rio de Janeiro, 16/07/1994.

Bizz. "Legião no divã". *Bizz,* maio/1992.

Brito, H. "Legião Urbana". *A Tarde.* Salvador, 07/11/1989.

Castilho, A.; Schlude, E. *Depois do fim: Vida, amor e morte nas canções da Legião Urbana.* Rio de Janeiro: Hama, 2002.

Dapieve, A. "Pausa para reflexão". *Jornal do Brasil/B.* Rio de Janeiro, 22/09/1987.

Dapieve, A.; Figueiredo, C. "Que conjunto é esse?". *Jornal do Brasil/Domingo.* Rio de Janeiro, 10/07/1988.

Dapieve, A. *Renato Russo:* O trovador solitário. Rio de Janeiro: Relume-Dumará; Prefeitura, 2000.

Dapieve, A. "'Perfeição'". *O Globo/Segundo Caderno.* Rio de Janeiro, 23/06/2006. p. 6.

Dalto, R. L. "Doce-amargo retrato de um anti-herói que não quer ser Quixote". *O Estado.* Florianópolis, 17/07/1988.

Domingos, D. "Quando o artista faz sucesso fica sempre devendo". *Amiga.* São Paulo, jan. 1990.

Finatti, H. "Era uma vez um junkie". *Interview.* São Paulo, jan. 1994.

França, J. "O 'rock' desce do Planalto Central". *Jornal do Brasil,* 28/02/1985.

Fróes, M., Petrillo, M. "Especial Renato Russo". *International Magazine*. Jan. 1995.

Garcia, L. L. "Mania de Legião". *Época*, 13/12/2010.

Gil, M. A. "O anjo regenerado". *Revista da Folha*. São Paulo, 09/10/1994.

Jornal do Brasil. "Beatles, Jesus Cristo e Rivelino". *Jornal do Brasil/B*, 09/10/1994.

Leal, L. N. "Uma década de lirismo". *O Dia D*. Rio de Janeiro, 07/08/1994.

Legião Urbana. *Que país é este 1978/1987* (encarte). Rio de Janeiro, 1987.

Lemos, José Augusto. "Renato Russo: Entrevistão". *Bizz*. São Paulo, jun. 1990.

Lima, I. R. "Eu não quero mais cuspir em ninguém: A voz de Renato Russo". *Correio Braziliense*. 18/02/1986.

Lobato, E. "Histórias urbanas". *Sui Generis*, jun./1995. p. 29.

Lopes, M. C. *Canção, estética e política: Ensaios legionários*. Campinas: Mercado de Letras, 2011.

Magi, E. R. *Rock and roll é o nosso trabalho*: A Legião Urbana do underground ao mainstream. São Paulo: Alameda, 2013.

Maia, S. "Do Aborto Elétrico ao Globo de Ouro", *Bizz*, abr./maio/jun. (3 partes), 1989.

Mansur, L. C. "Legionário da ética". *Ideias/Jornal do Brasil*. Rio de Janeiro, 23/01/1988. p. 9.

Marcelo, C. *Renato Russo*: O filho da revolução. Rio de Janeiro: Agir, 2009.

Marino, A. "O desabafo da Legião". *Correio Braziliense*. 05/11/1989.

Miguel, A. C. "Rock de Brasília, político e existencial". *Jornal da Tarde*, 01/04/1985.

Miguel, A. C. "Renato Russo abre a guarda". *O Globo/Segundo Caderno*. 01/07/1992. p. 1.

O Dia. "Rosas que nascem da lama". *O Dia D*. 01/12/1993.

O Globo. "Mais viva do que nunca". *O Globo/Segundo Caderno*. 01/12/1987.

Passos, M. H. "Roqueiro brasileiro". *Marie Claire*. São Paulo, jan. 1995.

Preto, M. "Álbuns de estúdio da Legião Urbana ganham reedição de luxo em CD e vinil". *Folha.com*, 21/10/2010.

Rimi, H. "Vai admitir que você gosta de homem, meu filho!". *Interview*. São Paulo, julho/1991. p. 144.

Russo, R. Carta ao *Jornal do Brasil*. Rio de Janeiro, 05/03/1986.

Russo, R. Show da Legião Urbana no Jockey Club. Rio de Janeiro, 07/07/1990.

Russo, R. Entrevista a Leilane Neubarth, 1985. *Vídeo show*, 2001.

Russo, R. Entrevista a Vladimir Carvalho. 1988. *In*: *Rock Brasília: Era de ouro* (DVD). 2011.

Russo, R. Entrevistas a Jô Soares. *Jô onze e meia*. 1989 e 1994.

Russo, R. Entrevista. *Especial MTV Brasil 5 anos*. 1995.

Russo, R. "A entrevista" (concedida a Zeca Camargo). *In: Entrevistas MTV* (DVD) 1993.

Russo, R. "MTV no Ar". *In: Entrevistas MTV* (DVD). 1994.

Russo, R. "Passado, presente e futuro" (entrevista a Jorge Espírito Santo) *Entrevistas MTV* (DVD). 1994.

Russo, R. Entrevista. *Programa livre*. 1994.

Santos, V. dos. "Legião Urbana, política e religiosa". *O Dia D*, 01/11/1989. p. 1.

Silveira, J. R. *Renato Russo e Cazuza: A poética da travessia*. São João del-Rei: Malta Editores, 2008.

Simões, C., Guima, R. "Renato Russo, o roqueiro do amore mio". *Ele&ela*. Dez./1995.

Souza, T. de. "A alma pela boca" *Jornal do Brasil/B Especial*, 12/10/1996. p. 3.

Stycer, D. "Nunca fui santo". *IstoÉ*. São Paulo, 27/04/1994. p. 6.

Tardin, M. "Saúde, grana e rock'n'roll". *Jornal do Brasil/Domingo*. 1/6/1994. p. 5.

Toledo, E. "Vocês estão prontos?" *In: Whiplash.net*. Disponível em: whiplash.net/materias/news_936/018317-legiaourbana.html. Acesso: jun. 2006.

Vanna, P. F. A. *Do cotidiano à poesia*: Os anos 80 no rock de Cazuza e Renato Russo. Dissertação de mestrado (Literatura Brasileira), UFF, 2003.

Vários. *Conversações com Renato Russo*. Campo Grande: Letra Livre, 1996.

Vianna, H. "A história da Legião Urbana" (texto da caixa *Por enquanto*). Rio de Janeiro, 1995.

Brasil e outras leituras

Adorno, Theodor W.; Horkheimer, Max "A indústria cultural: O esclarecimento como mistificação das massas". *Dialética do esclarecimento: Fragmentos filosóficos*. Rio de Janeiro: Jorge Zahar, 1991.

Agência USP. "Pesquisa da Antropologia analisa influência da aids na militância GLS". *In: USP Notícias*. Disponível em: www.usp.br/agen/repgs/2005/pags/013.htm.

Alexandre, R. *Dias de luta*. São Paulo: DBA, 2002.

Anderson, B. *Comunidades imaginadas*: Reflexões sobre a origem e a difusão do nacionalismo. São Paulo: Companhia das Letras, 2008.

Andrade, M. "Ensaio sobre a música brasileira". Disponível em: www.ufrgs.br/cdrom/mandrade/mandrade.pdf. Acesso: jan./2012.

Barbosa, L. *O jeitinho brasileiro: A arte de ser mais igual que os outros*. Rio de Janeiro: Campus, 1992.

Bonelli, R; Ramos, L. "Distribuição de renda no Brasil: Avaliação das tendências de longo prazo e mudanças na desigualdade desde meados dos anos 70". *Revista de Economia Política*. v. 13, n. 2 (50), abr./jun./1993.

Brasil. Discurso de posse do presidente Fernando Henrique Cardoso em 01/01/1995. Brasília: Biblioteca da Presidência da República, 1995.

Candido, A. *Literatura e sociedade*. Rio de Janeiro: Ouro Sobre Azul, 2006.

Carlos, E. Entrevista. *Áudio retrato*. 2015.

DaMatta, R. *Carnavais, malandros e heróis: Para uma sociologia do dilema brasileiro*. Rio de Janeiro: Zahar, 1979.

Dapieve, A. *BRock: O rock brasileiro dos anos 80*. Rio de Janeiro: 34, 1995.

Datafolha. "Avaliação governo José Sarney". 1990. Disponível em: http://datafolha.folha.uol.com.br/po/ver_po.php?session=24. Acesso: ago./2012.

Eco, U. *Sobre a literatura*. Rio de Janeiro: Record, 2003.

Essinger, S. "Rock Brasil 1: 1955-1984", *CliqueMusic*. Disponível em: http://cliquemusic.uol.com.br/materias/ver/rock-brasil-1---19551984. Acesso: fev./2012.

Fuentes, C. Entrevista a Geneton Moraes Neto. *Dossiê GloboNews*, 25/02/2012.

Friedlander, P. *Rock and roll: Uma história social*. Rio de Janeiro: Record, 2002.

Fróes, M. *Jovem Guarda: em ritmo de aventura*. São Paulo: Ed. 34, 2000.

Geertz, C. *A interpretação das culturas*. Rio de Janeiro: Zahar, 1978.

Grangeiro, A.; Castanheira, E. R.; Nemes, M. I. B. "A reemergência da aids no Brasil: Desafios e perspectivas para o seu enfrentamento". *Interface – comunicação, saúde e educação*. v. 19, n. 52, jan./fev. 2005.

Hot100Br@sil "Top 100 Songs 1987" *Hot100Br@sil*. Disponível em: http://hot100brasil.com/timemachine1987.html. Acesso: jan./2012.

IAEA (International Atomic Energy Agency). *The radiological accident in Goiânia*. Viena, 1988. Disponível em: www-pub.iaea.org/mtcd/publications/pdf/Pub815_web.pdf. Acesso: ago./2012.

Ipea. *Ipeadata social*. Disponível em: *www.ipeadata.gov.br*.

Lamounier, B; Marques, A. "A democracia brasileira no final da 'década perdida'". *In*: Lamounier, B. *Ouvindo o Brasil: Uma análise da opinião pública brasileira hoje*. São Paulo: Idesp/IRS, 1992. p. 137-158.

Leoni. *Letra, música e outras conversas*. Rio de Janeiro: Gryphus, 1998.

Mariz, R. "Irmã de Renato Russo vê letra atualíssima". *O Globo*. 22/03/2015. p. 6.

Mello, Z. H. de. *A Era dos Festivais: Uma parábola*. São Paulo: Ed. 34, 2003.

Mendes, H. M. *Transgressão e conservadorismo na prática discursiva da Jovem Guarda*. Dissertação de mestrado (Estudos linguísticos), UFU, 2009.

Moraes Neto, G. *Os segredos dos presidentes:* Dossiê Brasília. São Paulo: Globo, 2005.

Motta, M. S. da. *A nação faz cem anos: A questão nacional no centenário da independência*. Rio de Janeiro: Editora FGV; CPDOC, 1992. p. 1.

Moura, M. "Que país é este? Não é sério". *Época*. 16/03/2015. p. 76-78.

Naves, S. C. *Da Bossa Nova à Tropicália*. Rio de Janeiro: Jorge Zahar, 2001.

Neves, T. "Conciliação como sobrevivência nacional", 1978. *Tancredo Neves: O construtor de travessias*. Disponível em: www.tancredo-neves.org.br/conciliacao-como-sobrevivencia-nacional. Acesso: ago./2012.

Putnam, R. D. *Comunidade e democracia: A experiência da Itália moderna*. Rio de Janeiro: Editora FGV, 1996.

Ribeiro, J. N. *De lugar nenhum a Bora Bora: Identidades e fronteiras simbólicas nas narrativas do "rock brasileiro dos anos 80"*. Dissertação de mestrado (Sociologia), UFRJ, 2005.

Rosenbaum, P. "Ideologia, quero uma para esquecer". *Jornal do Brasil*. 25/08/2012.

Rossi, C. "Eleição de Tancredo Neves encerra o ciclo militar". *Folha de S.Paulo*, 16/01/1985. Disponível em: almanaque.folha.uol.com.br/brasil_16jan1985.htm. Acesso: fev./2012.

Sarney, J. Entrevista. *Zero Hora*. 10/10/2011.

Schwarz, R. "As ideias fora do lugar". *In: Nacional por subtração*. Rio de Janeiro: Paz e Terra, 2001.

Silva, S. B. da. *O Globo/Cartas dos leitores*. Rio de Janeiro, 21/05/2006.

Skidmore, T. *Uma história do Brasil*. São Paulo: Paz e Terra, 1998.

Tinhorão, J. R. *História social da música popular brasileira*. São Paulo: Ed. 34, 1998.

Trindade, J. R. *De dores e de amores: Transformações nas identidades homossexuais em São Paulo*. Tese de doutorado (Antropologia social), USP, 2004.

Urani, A. "Trabalho". *In*: IBGE. *Brasil em números*: 1997. v. 5. Rio de Janeiro: IBGE, 1997. p. 125-126.

Veja. "Política da pauleira". *Veja*, 27/01/1988. p. 112-113.

Viana, O. *Instituições políticas no Brasil*. v. 1. Belo Horizonte: Itatiaia; São Paulo: Editora da USP; Niterói: Editora da UFF, 1987.

DISCOGRAFIA*

Barão Vermelho (com Cazuza)
Barão Vermelho (Som Livre, 1982)
Barão Vermelho 2 (Som Livre, 1983)
Maior abandonado (Som Livre, 1984)
Ao vivo no Rock in Rio (Som Livre, 1985/1992)

Cazuza
Exagerado (Som Livre, 1985)
Só se for a dois (Polygram, 1987)
Ideologia (Polygram, 1988)
O tempo não para (Polygrama, 1988)
Burguesia (Polygram, 1989)
Por aí (Polygram, 1989/1991)

Legião Urbana
Legião Urbana (EMI, 1985)
Dois (EMI, 1986)
Que país é este 1978/1987 (EMI, 1987)
As quatro estações (EMI, 1989)
V (EMI, 1991)
Música p/ acampamentos (EMI, 1992)
O descobrimento do Brasil (EMI, 1993)
A tempestade (EMI, 1996)
Uma outra estação (EMI, 1996/1997)
Acústico MTV (EMI, 1992/1999)
Como é que se diz eu te amo (EMI, 1994/2001)
As quatro estações ao vivo (EMI, 1990/2004)
Legião Urbana e Paralamas juntos (EMI, 1988/2009)

Renato Russo
The Stonewall Celebration Concert (EMI, 1994)
Equilíbrio distante (EMI, 1995)
O último solo (EMI, 1994 e 1995/1997)

---

* Álbuns de estúdio e ao vivo (excluídas as coletâneas).

A primeira edição deste livro foi
impressa em 2016, ano em que se
comemora o 30º aniversário do
primeiro show solo de Cazuza e
da gravação do LP *Dois* da banda
liderada por Renato Russo.

O texto foi composto nas fontes
Times Ten Lt Std e Univers Lt Std
e impresso em papel off-white
no Sistema Cameron da Divisão
Gráfica da Distribuidora Record.